Hans Jellouschek

Wie Partnerschaft gelingt – Spielregeln der Liebe

HERDER spektrum

Band 5134

Das Buch

Viele Paare –, so sagt hier ein erfahrener Paartherapeut – gehen heute zu früh auseinander. Wer die unbewußten Regeln beim Zusammenspiel der Liebe kennt, kann eine Menge tun, um partnerschaftliches Zusammenleben erfreulich und glückbringend zu gestalten. Dazu gehört Geduld und langer Atem, Respekt und gegenseitige Wertschätzung, ohne die jede Partnerschaft zu einem üblen Machtkampf entarten kann. Dazu braucht jedes Paar die rechte Balance zwischen Freiheit und Bindung; es braucht Toleranz und Fairneß gegenüber den Andersheiten des anderen, es braucht Bereitschaft, den grauen Alltag als Gegebenheit des Lebens zu akzeptieren und auch Probleme gemeinsam zu meisten. Zur Kultur der Liebe gehört es auch, genügend Zeit füreinander zu haben, aber auch sich gegenseitig genügend Zeit für sich selbst zu lassen. Und schließlich gehört dazu, Formen des Vergebens und Verzeihens zu finden, denn ohne Schuld und Versöhnung kann keine längerfristige Beziehung bestehen. – Ein ermutigendes und hilfreiches Buch für alle, die etwas für ihr glückliches Zusammenleben und beständige Partnerschaft tun wollen.

Der Autor

Hans Jellouschek, Lic. phil., Dr. theol., geboren 1939, ist Lehrtherapeut für Transaktionsanalyse und Psychotherapeut in eigener Praxis mit Schwerpunkt Paartherapie. Von 1978 bis 1987 leitete er die Familienberatungs- und Behandlungsstelle im Psychotherapeutischen Zentrum in Stuttgart. Lebt bei Tübingen.

Hans Jellouschek

Wie Partnerschaft gelingt – Spielregeln der Liebe

Beziehungskrisen sind
Entwicklungschancen

HERDER

FREIBURG · BASEL · WIEN

Neuausgabe als Taschenbuch
Originalausgabe Verlag Herder, Freiburg 1998

Gedruckt auf umweltfreundlichem,
chlorfrei gebleichtem Papier

3. Auflage der Taschenbuchausgabe
8. Gesamtauflage

www.herder.de
Herstellung: fgb · freiburger graphische betriebe 2002
www.fgb.de
Umschlaggestaltung und Konzeption:
R·M·E München / Roland Eschlbeck, Liana Tuchel
Umschlagmotiv: © photonica
ISBN 3-451-05134-6

Dem Andenken
meiner geliebten Frau
Margarete Kohaus-Jellouschek
1944–1998

Inhalt

Vorwort

So lange ich mit meiner Frau Margarete Kohaus mit Paaren therapeutisch arbeitete, beschäftigte uns immer wieder die Frage, wie Dauerbeziehungen zwischen Frau und Mann über die Phase der Verliebtheit hinaus lebendig bleiben können und nicht erstarren oder vertrocknen „müssen". Der große Erfolg, den mein Buch „Die Kunst als Paar zu leben" (Kreuz-Verlag, Zürich-Stuttgart) hatte und noch immer hat, zeigt, daß diese Frage viele heutige Paare beschäftigt. Sie ist auch der gemeinsame Nenner der folgenden Kapitel in diesem Band. Dabei war es mir ein besonderes Anliegen, noch konkreter als in meinen bisherigen Veröffentlichungen zu sein und immer wieder von typischen Alltagssituationen von Paaren auszugehen, diese zu untersuchen und möglichst praktische Wege aufzuzeigen. Dies hat auch damit zu tun, daß den meisten der folgenden Abschnitte eine Artikelserie zugrunde liegt, die ich in den letzten drei Jahren für die österreichische Frauenzeitschrift „Welt der Frau" geschrieben habe. Immer wieder ist mir mitgeteilt worden, daß meine Beiträge bei den Leserinnen und Lesern der Zeitschrift viele Diskussionen ausgelöst haben und daß sie häufig in Gesprächsrunden und Paargruppen als Einstieg verwendet wurden. So entstand die Idee, daraus dieses Buch zu machen. Um die Gesprächsimpulse noch zu verstärken, wurden jedem Kapitel zusammenfassende Hinweise, Empfehlungen, „Regeln" und dergleichen angefügt, die Paaren und Gesprächsleitern von Partnergruppen in der Erwachsenenbildung den Einstieg ins gemeinsame Gespräch erleichtern und Anregungen für die Umsetzung im Alltag geben sollen. In diesem Sinne sind diese besonders gekennzeichneten Abschnitte zu verstehen und keinesfalls als der Versuch, etwa neue Normen oder Vorschriften aufstellen zu wollen. Dem selben Zweck dienen auch die jedem Kapitel angefügten Bücherhinweise „Zum Weiterlesen".
Der Lektor des Verlages, Herr Peter Raab, hat mich bei der Entstehung dieses Buches durch redaktionelle Arbeit, Vorschläge und Hinweise tatkräftig unterstützt. Ihm sei hiermit herzlich Dank gesagt!

Entringen, im Mai 1998 — Hans Jellouschek

Dauerbeziehungen – heute noch möglich?

Die Zahl der Ehescheidungen ist zweifellos beunruhigend. Seit Jahren hält sich – jedenfalls in städtischen Gebieten unserer westlichen Welt – der Prozentsatz bei gut einem Drittel aller Ehen, in den Großstädten gehen bereits 50 Prozent aller ehelichen Lebensgemeinschaften zu Bruch. Sind Ehe und eheliche Liebe zu einem Wegwerf-Artikel verkommen? Hat der Pluralismus unserer heutigen Welt zu allgemeiner Unverbindlichkeit auch in menschlichen Beziehungen geführt? Ist aus der heutigen Betonung des Individuums und seiner Interessen ein Egoismus hervorgegangen, der Werte wie Treue, Geduld und Beständigkeit immer weiter zugrunde richtet? Solche und ähnliche Vermutungen werden immer wieder geäußert, nicht zuletzt auch in kirchlichen Kreisen. Zweifellos: Die Zahlen sind nicht wegzudiskutieren und geben Anlaß zur Sorge. Aber sind solche Pauschalverurteilungen der heutigen Zeit und derartige Schuldzuschreibungen an die heutigen Ehepaare berechtigt? Ich meine: Nein. Die Sachlage ist komplizierter und verlangt eine differenzierte Betrachtungsweise.

Zunächst einmal möchte ich auf die Tatsache hinweisen, daß Eheleute im Durchschnitt noch nie so lange zusammengelebt haben wie heute. Diese Aussage mag überraschen. Sie scheint den Scheidungszahlen direkt zu widersprechen. Dies ist aber nicht der Fall. Denn die *durchschnittliche Lebenserwartung* ist in den letzten zweihundert Jahren fast um das Dreifache gestiegen. Im achtzehnten Jahrhundert betrug sie nicht einmal dreißig Jahre! Das heißt aber auch: Viel mehr Ehen als heute wurden früher durch den früheren Tod getrennt. Der Satz „Bis der Tod euch scheidet" hieß damals etwas völlig anderes als heute, denn der Tod beendete häufig das Zusammenleben der Partner schon zu einem Zeitpunkt, da die Mehrzahl der Menschen heute ihr halbes Eheleben oder noch mehr vor sich haben. Die Rede von der Ehe als Wegwerfartikel ist also mindestens sehr ungerecht, denn genau besehen halten es heute viel mehr Frauen und Männer viel länger miteinander aus, als dies in früheren Zeiten der Fall war.

Außerdem habe ich in meiner langjährigen Erfahrung als Paartherapeut so gut wie noch nie erlebt, daß Partner heutzutage leichtfertig aus der Ehe weglaufen. In aller Regel leiden die Betroffenen sehr unter einer Trennung, quälen sich lange herum, bevor sie diesen Schritt tun und noch länger, bis sie ihn verarbeitet haben. Es kann also nicht, jedenfalls nicht in der Regel, am Leichtsinn der Menschen liegen, daß Ehen heute instabiler geworden sind. Vielmehr gibt es eine ganze Reihe von Umständen, von denen wir alle betroffen sind, die es sehr viel schwerer machen als früher, eine Ehe über Jahre hin aufrecht zu erhalten. Ich nenne außer der schon erwähnten längeren Lebenserwartung noch drei wichtige weitere:

Auf die Qualität kommt es an

Früher war es der Mehrzahl der Menschen aus Gründen des *wirtschaftlichen Überlebens* schlicht unmöglich, aus einer Ehe auszusteigen. Die Ehe war eine Wirtschaftsgemeinschaft. Manchmal ist sie es auch noch heute, denn wirtschaftliche Gründe halten so manche Ehe zusammen, die schon längst innerlich abgestorben ist. Aber so allgemein wie dies früher der Fall war, ist das materielle Überleben kein allein ausreichender Grund des Zusammenbleibens mehr, vor allem, seit viel mehr Frauen als früher durch Ausbildung und Beruf auf einen „Ernährer" im Ernstfall verzichten können.

Weiter: Früher gab es eine *klare Rollen-Aufteilung*, die auf notwendige Ergänzung angelegt war. Den Lebenskampf nach außen zu führen, war Sache des Mannes, die Familien- und Gefühlsarbeit zu leisten, war Sache der Frau. Ohne den Mann war die Familie schutzlos, ohne die Frau wäre sie emotional verhungert. Jeder „brauchte" den anderen auch in diesem Sinn zum Überleben. Obwohl solche alten Rollenbilder auch heute noch am Wirken sind (manchmal sogar verdeckt hinter progressiven Sprüchen), verliert dieser Stabilitätsfaktor doch mehr und mehr an Kraft. Immer mehr Männer bewähren sich auch als „Alleinerziehende" und (Teilzeit)-Hausmänner, und noch mehr Frauen stehen auch in Beruf und Gesellschaft „ihren Mann". Dadurch aber entsteht ein Stück mehr Unabhängigkeit voneinander.

Schließlich: Früher war die eheliche Gemeinschaft durch *Weltanschauung und Religion* abgesichert. Die kirchliche Lehre von der Unauflöslichkeit der Ehe war zugleich eine gesellschaftliche und lange Zeit auch eine rechtlich verbindliche Norm. Wer dagegen verstieß, war auch im sozialen Leben ein „Outlaw". Solche Sanktionen sind heute mit weltanschaulichen Überzeugungen nicht mehr verbunden. Und auch viele, die an der christlichen Lehre von der Ehe festhalten, interpretieren sie anders: Sie verstehen sie eher als einen Idealanspruch oder als „Zielgebot", aus denen man nicht unmittelbar das Verbot einer Scheidung ableiten kann. Und den Ausschluß Wiederverheirateter aus der sakramentalen Gemeinschaft, wie er theoretisch den Vorschriften nach in der katholischen Kirche immer noch vollzogen werden müßte, kann heute wohl kaum ein Christ mehr nachvollziehen. Damit hat aber die Bindekraft christlicher Überzeugungen in bezug auf die Ehe stark nachgelassen.

Die weltanschaulich untermauerte Norm, die fest umschriebenen Geschlechter-Rollen und der wirtschaftliche Zwang: Das sind alles Faktoren, die die Ehe der Partner *von außen* bestimmten und sie fast unausweichlich zusammenhielten, ganz gleich, wie es in ihrem Inneren aussah. In dem Ausmaß tun sie das heute gewiß nicht mehr, denn sie haben an Bedeutung verloren. Das aber heißt: Was eine Ehe stabil macht, das wird immer mehr einzig und allein die zwischenmenschliche Qualität der Partnerschaft. Ob die beiden miteinander auskommen, ob sie harmonieren, ob sie sich lieben – daran entscheidet es sich immer ausschließlicher, ob sie beieinander bleiben. Gegenseitiges Verständnis und Liebe – das sind aber sehr subjektive Faktoren, die Gefühlsschwankungen unterliegen und einzig und allein von den Betroffenen, ihren Eigenschaften, ihren Fähigkeiten und ihren Entwicklungen abhängen. Von da her ist es kein Wunder, daß Ehen heute in ihrem Bestand viel gefährdeter sind, als sie noch vor wenigen Jahrzehnten waren. Es fehlen sozusagen die „äußeren Rahmenbedingungen" früherer Zeiten. Und da man die Vergangenheit nicht einfach zurückholen kann, wird es wohl noch lange so bleiben: Die Stabilität unserer Ehen hängt heute fast ausschließlich an unseren persönlichen Fähigkeiten und Grenzen, mit unseren Partnern klar zu kommen.

Partnerliebe – was ist das?

Umso wichtiger ist es geworden, sich heutzutage mit Fragen der Partnerschaft auseinanderzusetzen, sich zu informieren und miteinander (in entsprechenden Kursen zum Beispiel) zu „trainieren", kurz:

„die Kunst als Paar zu leben" zu erlernen. Zu dieser Kunst gehört es meines Erachtens ganz grundlegend, etwas vom Wesen partnerschaftlicher Liebe zwischen Frau und Mann zu verstehen.

1. Die Liebe zwischen Frau und Mann ist *nicht gleichzusetzen mit Verliebtheit*. Wenn es gut geht, ist Verliebtheit am Anfang da, und wenn es noch besser geht, lebt sie von Zeit zu Zeit wieder auf. Verliebtheit ist wichtig, zweifellos, sie schafft, so lehren uns heutige Beziehungs-Forscher, haltbare Bindungen zwischen den Partnern. Aber als Zustand vergeht sie in der Regel ziemlich schnell und damit auch ihre Gefühlsintensität. Wer „verliebt in die Liebe" ist und an der Verliebtheit als Ideal festhält, der muß entweder resignieren oder aber immer wieder neue Beziehungen anfangen – um den „Zauber des Anfangs" zu erleben, allerdings um den Preis, daß er vielen Menschen Leid zufügt und schließlich als Einsamer endet.

2. Liebe ist *ein Entwicklungsprozeß*, nicht ein „Ereignis", das mit einem Mal da oder auch wieder weg ist. Vielmehr entwickelt und entfaltet sich die Liebe über die Zeit hin in unterschiedlichen Phasen. Dieser Prozeß vollzieht sich nicht ohne unser Zutun, er muß von uns *aktiv gestaltet* werden. Was uns in der Phase der Verliebtheit quasi ohne unser Zutun geschenkt wird, das kann auf Dauer nur Wirklichkeit bleiben, wenn wir es uns – jeder für sich und gemeinsam – „erarbeiten". Dieses Wort klingt im Zusammenhang mit „Liebe" gar nicht gut. Aber es ist die nüchterne Wahrheit: In der Zeit der Verliebtheit zum Beispiel waren wir zum Partner „von selber" freundlich. Fünf Jahre später kostet das Freundlich-Sein manchmal schlicht „Arbeit", denn ohne diese, so spontan „aus dem Bauch heraus", wären wir vielleicht grob und rücksichtslos. „Beziehungsarbeit" ist nötig, damit unsere Zugewandtheit zum Partner nicht nur eine vorübergehende Stimmung bleibt, sondern eine tragfähige Haltung wird. Was in der Zeit der Verliebtheit von selber zum anderen hinüberströmte, muß in der Zeit danach durch die Pflege bewußter Beziehungs-Kultur in Besitz genommen werden, sonst läßt es sich nicht halten. Paare, die sich rasch scheiden, beachten das manchmal vielleicht zu wenig.

3. Die Liebe zwischen Mann und Frau ist ein Entwicklungsweg mit *Höhen und Tiefen*. Krisen gehören dazu. Verständlicherweise möchten wir zwar gerne auf sie verzichten. Aber sie sind nicht nur unvermeidbar, sie sind für die Reifung der Partnerliebe auch notwendig. Krisen bringen unsere Beziehung zwar in Gefahr, aber die Kehrseite der Gefahr ist fast immer eine Chance: Richtig genutzt, werden

sie häufig zu Wachstums-Krisen, in denen die Liebe der Partner heranreift und erwachsen wird. Durch Krisen brechen wir aus eingefahrenen Gewohnheiten aus, in Krisen entdecken wir neue Fähigkeiten an uns und am Partner, Krisen eröffnen uns neue Möglichkeiten des Zusammenlebens. Eine Beziehungskrise ist als solche noch kein Hinweis darauf, daß es nicht mehr weitergeht und man sich also trennen muß. Vielmehr ist sie ein Hinweis darauf, daß ein weiterer Schritt in der gemeinsamen und individuellen Entwicklung dran ist.

4. Krisen werden in Beziehungen häufig deshalb ausgelöst, weil es nicht leicht ist, einen Ausgleich zwischen *Autonomie und Bindung* zu finden. Dies aber ist eine zentrale Aufgabe in jeder heutigen Partnerschaft. Jeder von beiden ist eine eigenständige Person, die ihren Freiraum braucht, aber jeder möchte auch Bindung zum anderen, weil er darin Sicherheit und Geborgenheit findet. Diese beiden grundlegenden Bedürfnisse geraten nicht selten in Konflikt miteinander. In der Zeit der Verliebtheit war uns die individuelle Freiheit nicht so wichtig, da wollten wir vor allem das enge „Miteinander". Aber wenn man versucht, daran über diese Zeit hinaus festzuhalten, wird es ein unerträglicher Käfig. Das heißt: Eine Beziehung kann nur lebendig bleiben, wenn es in ihr ein ständiges Wechselspiel zwischen „Ich" und „Wir" gibt. Neben den Zeiten, in denen wir die Nähe des anderen suchen, muß es auch Zeiten geben, in denen wir Distanz voneinander nehmen. Solche Zeiten der Distanz, Zeiten, in denen Frau und Mann im guten Sinn „ihr Ego pflegen", gehören also zur Partnerliebe mit dazu und stehen keineswegs in Gegensatz zu ihr. Man muß sich keineswegs gleich trennen, um diese Distanz zu gewinnen. Es gibt viele Möglichkeiten, auch *innerhalb* einer Ehe genügend Freiraum für die Entfaltung der individuellen Person des einzelnen zu schaffen, indem man diesen nach den Bedürfnissen des einen und den Toleranzgrenzen des anderen immer wieder neu aushandelt. Paare, die den autonomen Freiraum der Partner sehr großzügig bemessen, tun im allgemeinen mehr für die Stabilität ihrer Ehe als Paare, die sich gegenseitig ängstlich überwachen und „aneinanderkleben".

5. Liebe heißt eine *gemeinsame Geschichte* haben. Die lange Zeit, die man zusammen ist, verleiht der Liebe eine ganz besondere Qualität. Freilich: Die lange Zeit birgt auch Gefahren, vor allem die, daß die Beziehung öde, gewohnheitsmäßig und leer wird. Aber wenn man nicht nachläßt, sich um Lebendigkeit zu bemühen, erhält das „Gemeinsam alt werden" einen ganz besonderen Wert. Es entsteht eine Tiefe von

Verbundenheit und Nähe, die tausend kurzfristigere Liebesabenteuer nicht aufwiegen können, auch wenn sie noch so heftig sind. Nichts gibt uns so sehr wie die gemeinsame Geschichte einer langfristigen Partnerschaft das Gefühl, einen Ort und eine Heimat in dieser Welt zu haben und nicht alleine zu sein. Allerdings bekommt man diese gemeinsame Geschichte nur, wenn man es „miteinander aushält".

Man kann diese langfristige Liebe freilich nicht erzwingen. Manchmal ist es besser, sich zu trennen, entweder weil man sich getäuscht hat oder die Entwicklungswege in zu verschiedene Richtungen gegangen sind. Man kann es nicht erzwingen, aber man kann, wie deutlich geworden ist, eine Menge dafür tun, daß es möglich wird. Damit die Liebe zu ihrer vollen Frucht reifen kann, braucht sie eine lange Zeit. Vielleicht beachten das manche Paare heute zu wenig.

Fragen zur Eigenart der Partnerliebe

Die folgenden Fragen sind als Anregung zum Gespräch zwischen Partnern oder in Paar-Gruppen gedacht.

1. Was verstehe ich / verstehen wir unter „Liebe zwischen Frau und Mann"? Wodurch unterscheidet sich die Liebe in einer Dauerbeziehung von Verliebtheit?

2. Was tue ich / was tust du, um unsere Beziehung bewußt zu *gestalten?* Gibt es hier ein Gleichgewicht (beide tun gleich viel)?

3. Was waren bisher unsere schwersten Beziehungskrisen? Wie sind wir damit umgegangen: verdrängt? vergessen? damit auseinandergesetzt? Was haben wir daraus gelernt und gewonnen?

4. Wie sieht in unserer Beziehung die Bilanz hinsichtlich der Balance von Autonomie und Bindung aus? Haben beide genügend eigenen Spielraum? Genügend Nähe und Bindung? Einseitigkeiten in der Verteilung von Autonomie und Bindung?

5. Welche Gewohnheiten haben sich im Laufe unserer gemeinsamen Geschichte in unser gemeinsames Leben eingeschlichen, mit denen ich, mit denen du unzufrieden bist? Was ist erstarrt, einengend, sinnlos, langweilig geworden? Was könnte der erste (nicht schwierige) Schritt zu neuem Aufbruch sein?

🕮 Zum Weiterlesen:

Hans Jellouschek: Die Kunst als Paar zu leben. Kreuz Verlag, Stuttgart 1997.

„Ordnungen der Liebe"

Das Wort „Ordnung" in einem Atemzug mit „Liebe" zu nennen, ist ungewohnt. Liebe verbinden wir in der Regel mit Gefühl, und Gefühle kümmern sich nicht um Ordnung. Vor allem die erotische Leidenschaft setzt sich häufig über bestehende Ordnungen hinweg, kümmert sich nicht um Ehe, Familie, Gesetz und Moral. Allerdings: Soll eine Liebe von Dauer sein, braucht sie auch die Ordnung. Sonst besteht die Gefahr, daß sie zerstörerisch wird oder jedenfalls nach raschem Aufflackern schnell wieder erlischt. Freilich sind solche „Ordnungen der Liebe" (Bert Hellinger) keine bloß äußeren Gesetze, die jemand – Gott, der Staat oder die Gesellschaft – willkürlich „aufgestellt" hat. Die Erfahrung lehrt, daß es sich um *innere* Gesetzmäßigkeiten der Liebe selbst handelt, die beachtet sein wollen, damit Beziehungen gelingen. Von solchen Gesetzmäßigkeiten der Liebe möchte ich in diesem Kapitel sprechen. Dabei fassen wir nicht nur das (Ehe)-Paar ins Auge, sondern wir beziehen die Kinder in unsere Überlegung mit ein, haben also die Familie als ganze im Blick. Denn die Kinder haben einen starken Einfluß darauf, wie Partner miteinander zurechtkommen, genauso wie umgekehrt die Qualität der Beziehung der Partner die Kinder in ihrem Wohl und Wehe mitbestimmt.

Vor kurzem habe ich einen Therapie-Kongreß besucht. Da wurde von einer Familien-Forscherin das Video eines Familien-Experiments gezeigt. Man konnte beobachten, wie eine Dreiergruppe, („Triade") bestehend aus Mutter, Vater und Kleinkind, miteinander umging. Die Mutter spielte gerade intensiv mit dem Kind. Dann wurde es ihr offensichtlich zu anstrengend oder langweilig. Sie wollte an den Vater abgeben, aber der hielt sich raus. Er merkte gar nicht, daß es jetzt an ihm gewesen wäre, „zu übernehmen". Nach weiteren vergeblichen Versuchen lehnte sich die Mutter mit einem tiefen Seufzer zurück. Und was machte das Baby? Zuerst war es irritiert, dann wollte es selbst mit dem Vater „anbändeln" und diesen „ranholen". Als der aber weiterhin nicht reagierte, schaute es zur Mutter hin und seufzte ebenfalls tief, so als wollte es sagen: „Gell, du bist jetzt müde, du Arme!" Das kleine Kind hatte in dieser Familie also bereits gelernt, sich um die Mutter zu kümmern, wenn es ihr nicht gut ging und der Vater nicht aktiv wurde. Eigentlich wäre das ja seine Aufgabe gewesen. Aber weil er nicht reagierte, sprang das Kind für ihn ein. Was hier „lief", machte die Forscherin mit einem provokanten Dia deutlich: Auf einer Foto-Kollage war eine Riesen-Baby zu sehen, das eine baby-kleine Mutter auf seinem Arm trug! In diesem Experiment wurden gleich mehrere innere Gesetzmäßigkeiten oder Ordnungen der Liebe deutlich:

Kinder brauchen beide Eltern

Kinder brauchen *Zugang zu beiden Eltern*. In unserem Beispiel macht sich der Vater für das Kind nicht erreichbar. Er bleibt „draußen". Wenn das nicht nur ab und zu einmal der Fall ist, sondern immer wieder, hat das mehrere schwierige Folgen: erstens ist das Kind immer nur auf die Mutter angewiesen. Dadurch entsteht eine zu enge Bindung zu ihr. Zweitens wird der Vater auf diese Weise allmählich aus dem Familienverband emotional ausgeschlossen, oder er schließt sich, wie in unserem Beispiel, selbst aus. Er bringt vielleicht noch das Geld nach Hause, tritt vielleicht noch als Belohner und Bestrafer in Erscheinung, aber sonst ist er „out". Kinder mit „zu viel Mutter" und „zu wenig Vater" zeigen typische Entwicklungsstörungen und kommen später einmal nicht gut zurecht. Darunter leidet aber drittens auch die Paarbeziehung: Die Mutter fühlt sich alleingelassen, und den Vater erlebt sie in bezug auf die Kinder als inkompetent. Der Vater wiederum fühlt sich abgewertet und unwichtig. Alles, was die Kinder angeht, läuft über seine Frau. Schließlich – viertens – fangen in solchen Fällen Kinder schon sehr früh mit dem an, was auf dem Video überdeutlich zu sehen war: Sie kümmern sich um die Bedürftigkeit der Mutter, werden also gleichsam zu „Müttern" oder Partnern der Mutter, was sie natürlich überfordert und sich darum auf ihre weitere Entwicklung ebenfalls negativ auswirkt.

Die hier besprochene Störung der „Ordnung" in Familien tritt besonders häufig auf, wenn sich die Männer total von ihrer Berufsarbeit auffressen lassen und die Frauen zu sehr auf die Familie als ihr einziges Kontaktfeld fixiert sind. Es braucht dann große Anstrengung, damit sich nicht das Muster „Frau mit den Kindern – Vater out" einspielt. Noch brisanter wird es, wenn Eheleute sich trennen und ein Elternteil, meist der Vater, außerhalb des Familienverbandes lebt. Dann ist besonderes Augenmerk darauf zu legen, daß die Kinder regelmäßigen Kontakt zu ihm haben, sonst stellt sich dieses Muster fast unausweichlich ein. Bei getrennten Partnern ist der außerhalb lebende Elternteil für die Kinder eine ganz wichtige Bezugsperson, die durch niemanden anderen ersetzt werden kann. Kinder brauchen *beide* Eltern, auch dann, wenn diese sich als Paar getrennt haben.

Paar-Ebene und Eltern-Ebene

In dem Gesagten ist eine zweite „Gesetzmäßigkeit" bereits mit enthalten: Frau und Mann sind in der Familie nicht nur Einzelpersonen, sie sind ein Paar, und zwar ein *Eltern-Paar* und ein *Liebes-Paar*.

Eltern-Paar, das heißt: Sie *wirken zusammen* im Blick auf die Kinder, nicht isoliert voneinander, und vor allem nicht gegeneinander. In manchen Familien funktioniert es ja nur, wenn Vater allein mit den Kindern, oder Mutter allein mit den Kindern zu tun hat. Sobald beide Eltern zusammen sind, kracht es. Das wäre das Gegenteil von „Zusammenwirken". Dieses Zusammenwirken setzt nicht unbedingt voraus, daß Frau und Mann in allen Einzelheiten dieselben Erziehungsprinzipien haben und die Kinder in allem gleich behandeln. Allerdings setzt es voraus, daß beide sich in ihrer Art, Eltern zu sein, achten und wertschätzen. Wie es damit steht, wird daran deutlich, ob der eine Partner den Umgang des anderen mit den Kindern wohlwollenden Blickes betrachten oder aber sich schier nicht zurückhalten kann, korrigierend einzugreifen.

Liebespaar, das heißt: Es gibt in der Familie ein *Eigenleben des Paares,* Frau und Mann gehen nicht nur in der Elternrolle auf. Ein Eigenleben wird das Paar freilich nur dann auf Dauer führen, wenn Erotik und Sexualität zwischen ihnen lebendig sind. Sonst werden meist die Kinder interessanter als der Partner – oft die Tochter für den Mann und der Sohn für die Frau. Das tut diesen wieder gar nicht gut, weil sie dadurch „zu wichtig" werden und eine Bedeutung in der Familie erhalten, die nicht angemessen ist. Außerdem brauchen es auch die Eltern dringend: daß sie nicht nur als Versorger und Arbeitstiere in der Familie wichtig sind, sondern aneinander die Erfahrung machen: „Da ist einer, für den ich auch als Frau attraktiv bin" und: „Da ist eine, der ich auch als Mann gefalle!"

Daß das Paar in der beschriebenen Weise ein Eigenleben führen kann, das erfordert den Willen und die Fähigkeit, sich von den Kindern *abzugrenzen*. Frau und Mann müssen Räume und Zeiten schaffen und schützen, die das Paar für sich und nur für sich hat. Das geht bei ganz kleinen Kindern schwer. Hier müssen Paare oft Abstriche machen. Aber dabei kann man leicht den Zeitpunkt verpassen, von dem an es wieder möglich wäre, die Paarbeziehung stärker zu betonen. Modern eingestellte Eltern stehen manchmal in der Gefahr, sich von den Kindern tyrannisieren zu lassen, weil diese immer und überall „dazwischenkommen" dürfen, wo und wann sie nur wollen. Kindern schafft es existenzielle Sicherheit, wenn zwischen den Eltern einerseits ein starkes emotionales Band besteht und wenn sie andererseits von ihnen klare Grenzen spüren. Dagegen werden sie unsicher und unruhig, wenn „immer alles möglich ist".

Kinder sind keine Partner

Auch die dritte „Ordnung" der Liebe, die ich hier anführen möchte, ergibt sich aus dem Gesagten wie von selbst: Wenn ein Mädchen zur „Vater-Tochter" und/oder ein Junge zum „Mutter-Sohn" wird, dann leiden die Beziehungen in der Familie Schaden. Natürlich gibt es gefühlsmäßige Unterschiede in den Beziehungen zwischen Eltern und Kindern, auch dann, wenn Eltern peinlich genau auf Gleichbehandlung achten. Das eine der Kinder mag man eben lieber als das andere, das ist natürlich. Gefühle orientieren sich nicht an „Gerechtigkeit", sie sind einfach da, und sie sind nicht erzwingbar. Das schadet auch noch nichts. Problematisch wird es, wenn sich eine ganz spezielle Beziehung des Vaters zur Tochter, der Mutter zum Sohn herausbildet, nämlich eine solche, in der der andere Elternteil sozusagen „nichts mehr zu suchen hat". Oder anders ausgedrückt: wenn sich zwischen Vater und Tochter oder Mutter und Sohn eine emotionale Qualität einstellt, die dichter, vertrauensvoller, „intimer" ist als die zwischen Mann und Frau. Auch wenn sie von sexuellen Handlungen weit entfernt sind, bekommen solche Beziehungen dann oft eine erotische Tönung, die den anderen Partner mit Recht verletzt und ihn zum eigenen Kind in Konkurrenz bringt. Natürlich bekommt auch das den Kindern nicht gut: Zwischen ihnen und dem jeweiligen Elternteil entsteht eine Bindung, die sich später störend in die Beziehungen zu möglichen eigenen Partnern einmischt.

Familien sind nicht nur die Summe der Einzelpersonen, aus denen sie bestehen. Obwohl sie sich im Fluß ständiger Veränderung befinden, haben sie dennoch eine gewisse Struktur und deshalb eine bestimmte Ordnung. Andernfalls würden sie sich sehr schnell in ihre Bestandteile auflösen.

Wie die Liebe „in Ordnung" gehalten wird

1. Wie sieht die „Ordnung" derzeit in unserer Familie aus?
Um sich dies bewußt zu machen, nimmt jeder Partner für jedes Familienmitglied eine ihm passend erscheinende Münze und legt sie auf ein Blatt Papier. Er ordnet sie nach Nähe und Abstand so an, wie es seinem Erleben nach der Realität in der Familie entspricht. Dann umkringelt er die Münze mit einem Stift und setzt die entsprechenden Namen ein. So erhalten Sie Ihre Sicht der „Familienordnung" (wer bei wem oder wie entfernt von wem steht). Dann vergleichen Sie Ihr Bild mit dem Ihres Partners und diskutieren Übereinstimmungen und Diskrepanzen.

2. Beachten Sie bei diesem Gespräch die drei genannten „Grundordnungen" in Familien:

a) Zugang:
Haben die Kinder gleichmäßigen Zugang zu Mutter und Vater oder ist ein Elternteil „ausgeschlossen?"

b) Grenzen:
- Sind Sie als Eltern ein gutes „Team" im Blick auf die Kinder? Achten Sie sich als Vater / Mutter der gemeinsamen Kinder?
- Haben Sie als Paar genügend Raum in Ihrer Familie? Grenzen Sie sich den Kindern und anderen Menschen gegenüber deutlich ab – oder kann jede/r jederzeit dazwischenkommen?

c) Bündnisse:
Ist die Beziehung Mutter – Sohn so, daß der Vater davon ausgeschlossen ist, und die zwischen Tochter und Vater so, daß die Mutter davon ausgeschlossen ist?

3. Sollten Sie entdecken, daß sich hier „Unordnung" eingeschlichen hat, fragen Sie sich:
- Wie sähe eine gute Ordnung aus?
- Was müßte konkret für eine Neuordnung getan werden?

🕮 Zum Weiterlesen:
Gunthard Weber: Zweierlei Glück. Die systemische Psychotherapie Bert Hellingers. Carl Auer Verlag, Heidelberg 1997.

Unterschiede zwischen Frau und Mann – ärgerlich und belebend

Judith hat es an diesem Tag schwer gehabt mit ihrem Jüngsten und klagt am Abend dem Mann ihr Leid. Sie hat noch nicht ausgeredet, da legt Markus schon los. Ein Ratschlag jagt den anderen. Es ist durchaus klug und durchdacht, was er sagt. Trotzdem ist Judith frustriert, enttäuscht, ärgerlich. Und das wiederum stößt Markus vor den Kopf. Sie hat ihm doch ihr Problem vorgetragen, und er hat sich redlich um Lösungen bemüht. Dennoch muß er sich von ihr anhören: „Du hast wirklich von nix eine Ahnung!"

Was ist hier passiert? Es scheint doch ganz einfach: Sie hat ein Problem, er macht Lösungsvorschläge – und trotzdem geht es so grausam schief! Weibliche und männliche Art, mit Beziehungen umzugehen und sich in Beziehungen zu verhalten, stoßen hier in einer typischen Weise aufeinander. Weil das von den beiden nicht beachtet und verstanden wird, gibt es Krach. Wenn wir die kleine Episode genauer unter die Lupe nehmen, entdecken wir gleich mehrere Dinge, die zwischen Frauen und Männern in der Kommunikation verschieden laufen, was häufig zu Verständnisproblemen führt:

Sache gegenüber Beziehung

Wenn Judith spricht, ist für Markus klar, daß es ihr um die „Sache" geht, nämlich um die Lösung des Erziehungsproblems, und er widmet sich dem mit Eifer. Das kann aber deshalb keinen Erfolg haben, weil es Judith gar nicht – jedenfalls nicht in erster Linie – um „die Sache" geht. Sie hat sich den ganzen Tag mit dem Jungen abgeplagt, und wenn sie darüber spricht, möchte sie von ihrem Mann vor allem Verständnis, Aufmerksamkeit, Mitgefühl. Das heißt, es geht ihr um eine Beziehungs-Angelegenheit, nicht um ein Sach-Problem: daß nämlich Markus auf sie als Person eingeht, daß er sich anhört, wie es ihr gegangen ist, und daß sie damit bei ihm Resonanz findet.

Diesen Unterschied gilt es immer wieder zu beachten: Männer tun sich in Beziehungen gern um „ein Drittes" zusammen, um eine Sache, eine Aufgabe, ein Ziel. Die Beziehung ist dann für sie lebendig und vielleicht sogar spannend, aber sie läuft sozusagen im Hintergrund mit, im Vordergrund ihres Bewußtseins steht „das Dritte", „die Sache", das gemeinsame Tun oder irgendein Thema. Das ist bei Frauen anders. In der Regel stehen für sie die Personen im Vordergrund und das, was zwischen ihnen läuft und wie sie sich zueinander verhalten. Frauen verstehen darum zum Beispiel schwer, wie Männer stundenlang miteinander schweigend durch den Wald joggen können und ihnen das Spaß macht oder daß sie ganze Abende mit heißen „Sach"-Diskussionen – über Sport, Politik, Wissenschaft – verbringen können, ohne daß auch nur ein einziges persönliches Wort miteinander gesprochen wird. Männer wiederum neigen dazu, sich über das inhaltsleere „Getratsche" der Frauen zu belustigen. In diesem „Getratsche" geht es auch meist gar nicht um den Inhalt, es geht darum, zueinander Beziehung zu haben und zu pflegen, und das wiederum ist für Männer häufig etwas recht Fremdes. Beziehungsdinge zu thematisieren, finden sie eher peinlich. Darum neigen sie auch dazu, das Weite zu suchen, wenn die Frau zum Beispiel sagt: „Ach laß uns doch jetzt über unsere Beziehung reden!"

Problemlösung gegenüber Mitgefühl

Mit dem Gesagten sind bereits mehrere weitere Unterschiede angesprochen. Einer davon ist: Markus fühlt sich angesichts des genannten Problems in erster Linie aufgerufen, sich um eine Lösung zu bemühen. Dann – so hat er den Eindruck – tut er das für die Beziehung, was von ihm erwartet wird. Für Judith dagegen ist das Wichtige nicht die Problemlösung. Sie möchte, daß er nur da ist, zuhört und gefühlsmäßig mitschwingt.

Damit haben Männer oft große Mühe. Für sie ist das eher verlorene Zeit, ja noch ärger: Wenn sie klagt, er aber „nur" zuhört und „mitgeht", meinen manche, dann würde alles nur noch schlimmer. Die Gefühle würden vielleicht immer stärker, die Tränen immer mehr, alles würde sich ins Uferlose und Unkontrollierbare steigern ... Darum neigen sie dazu, gerade nicht mit-, sondern eher dagegen zu gehen, ins Wort zu fallen, den „Gefühlsschwall" abzustoppen und möglichst schnell das Problem zu packen. Für Frauen dagegen besteht ein wesentlicher Teil der Problemlösung bereits darin, daß da einer ist, der verständnisvoll zuhört und innerlich mitgeht, wenn sie sich aussprechen. Die Ratschläge brauchen sie oft gar nicht. Was im einzelnen zu tun ist, wissen sie oft selber besser, oder es kristallisiert sich heraus, während sie sich das Problem von der Seele reden. Das auszuhalten, ist für Männer oft ganz schwer, und es ist schwer, einzusehen, daß sie zuweilen dann am hilfreichsten sind, wenn sie nichts tun, sondern nur zuhören und „da" sind.

Wettkampf gegenüber Verbundenheit

Für Männer spielen in Beziehungen weiterhin häufig Konkurrenz und Wettkampf eine wichtige Rolle. Sie empfinden es stimulierend, wenn sie zeigen können, zu was sie fähig sind und daß sie es womöglich besser schaffen als jemand anderer. Darum lieben sie den Sport, vor allem alle Wettkampf-Sparten, oder sie machen aus allem einen Wettkampf. Auch dieser Kampfeseifer mag bei Markus' schneller Reaktion eine Rolle spielen. Er möchte zeigen, was er kann. Darum ist er auch so frustriert, daß ihn Judith so brüsk zurückweist. Für sie verhält es sich nämlich wieder ganz anders: Miteinander sprechen heißt in ihrem Verständnis vor allem, Verbindung miteinander herstellen, das Gemeinsame betonen, beieinander verweilen. Diesen Unterschied kann man schon auf jedem Kindergeburtstag beobachten. Die Mädchen mögen alle Arten von Reigenspielen, die Buben aber langweilen sich, wenn sie nicht miteinander konkurrieren oder kämpfen können.

Das setzt sich – mit anderen Inhalten – bis ins Erwachsenenalter fort: Wenn die Maiers bei Müllers eingeladen sind, streiten die Männer stundenlang über das richtige Wirtschaftkonzept der Zukunft, während den Frauen solche Debatten eher unangenehm sind und sie nur auf eine Gelegenheit warten, sich über ihre gemeinsame Sorgen, Nöte und Erfahrungen auszutauschen. Männer sind im Kontakt zu anderen geneigt, eine Position zu vertreten, sie zu verteidigen und zu zeigen, daß diese die „richtige" oder „bessere" ist. Frauen dagegen suchen im Gespräch das Verbindende und Gemeinsame, ja sie neigen dazu, Unterschiede und Gegensätze sogar zu verwischen, wenn man sich nur „gut versteht". Markus müßte also lernen, daß es keinen Sinn hat, über Lösungen nachzudenken, bevor nicht ein Gleichklang zwischen ihm und seiner Frau fühlbar hergestellt ist.

Zurückhaltung gegenüber Expressivität

Erich Kästner sagt in einem Gedicht an die Frauen:

> „Ihr habt es gut. Denn ihr dürft alles fühlen.
> Und wenn ihr trauert, drückt uns nur der Schuh.
> Ach, unsre Seelen sitzen wie auf Stühlen
> und sehn der Liebe zu." *

Er spricht hier auf sarkastische Weise einen weiteren Unterschied an: Frauen sind in der Regel im Kontakt expressiver, ausdrucksstärker als Männer. Männer tun sich manchmal schwer, ihre Bedürfnisse und Gefühle überhaupt wahrzunehmen. Sie meinen, „es drücke sie nur der Schuh", in Wirklichkeit sind sie vielleicht verzweifelt oder hilflos. Noch häufiger aber ist es, daß sie solche Gefühle durchaus in sich wahrnehmen, aber sie nicht in Sprache, Mimik oder Gestik übersetzen können, jedenfalls nicht so schnell wie Frauen. Darum haben sie leicht den Eindruck, Frauen machen Theater. Wenn dies auch zuweilen durchaus der Fall ist – denn Gefühle lassen sich ja gezielt manipulativ einsetzen –, so ist doch zunächst davon auszugehen, daß Frauen eben deshalb stärker gefühlsmäßig reagieren, weil bei ihnen die Verbindung von innen nach außen einfach schneller zustandekommt.

Markus' Zuflucht zu Ratschlägen hat sicherlich auch damit zu tun. Er kommt gar nicht auf die Idee, seine Gefühle über die Gestreßtheit seiner Frau oder das Verhalten seines Sohnes auszudrükken, statt dessen will er die Sache lieber möglichst schnell in Griff kriegen und Nägel mit Köpfen machen. Damit aber beginnt er, auf einer anderen Wellenlänge zu senden, und darum klappt es bei Judith mit dem Empfang nicht mehr.

---

* Gedicht „Ein Mann gibt Auskunft". In: Wer nicht hören will, muß lesen. Eine Auswahl.
Fischer Taschenbuch 1211, Hamburg 1982, Seite 49ff.

Was ergibt sich daraus?

Was ist das Fazit aus diesen Unterschieden? Sie zu *sehen und anzuerkennen,* ist schon einmal ein wichtiger Schritt. Dann muß ich nicht mehr glauben, der andere handle aus bösem Willen oder borniertem Unverstand. Männer und Frauen sind in Beziehungen eben doch recht verschieden, und das gilt es anzuerkennen, und nicht sich vorzuwerfen.

Allerdings müssen hier zwei Mißverständnisse ausgeräumt werden: Wenn ich die Verschiedenheit betone, heißt das nicht, daß sie immer in dem geschilderten Ausmaß zutage tritt. Es gibt *fließende Übergänge,* und die Unterschiede verwischen sich häufig. Ja es kann sogar sein, daß manche Frauen so reagieren, wie ich es als typisch männlich oder manche Männer so, wie ich es als typisch weiblich geschildert habe.

Das heißt aber, und das ist das zweite: Männer sind nicht von *Natur* aus auf ihr Verhalten *festgelegt,* und Frauen nicht von *Natur* aus auf ihres. *Jedem ist auch die andere Eigenart zugänglich.* Auch Frauen können sach-, problem- und konkurrenzorientiert sein, genau so wie Männern Beziehungs-, Gefühls- oder Person-Orientierung möglich ist. Vielleicht liegt es ihnen in der Mehrzahl jeweils nicht so nahe, aber die Fähigkeit dazu besitzen sie zweifellos. Darum kann ich einerseits Verständnis für das Anders-Sein des andern entwikkeln, aber zusätzlich kann ich mich auch darum bemühen, als Frau die männliche und als Mann die weibliche Eigenart bei mir selber ein Stück weit zu entwickeln. Frauen können also lernen, mit Männern selbstbewußt um Sachergebnisse und Problemlösungen zu ringen, und Männer können bei sich die Fähigkeit entfalten, mit Frauen einfühlsam und tief empfindend mitzuschwingen. Dann wird der Graben, der manchmal die Geschlechter zu trennen scheint, leichter überbrückbar.

Empfehlungen für den Umgang mit Unterschieden zwischen Frau und Mann

1. Die erste Voraussetzung beim Zusammenspiel der Liebe ist, daß sich die Partner über die Polaritäten des Lebens klar sind, zu denen „männlich – weiblich“ ebenso gehört wie „hell – dunkel“,

„warm – kalt", „hart – weich", „hoch – tief", „laut – leise", „rund – kantig", was im chinesischen Taoismus im kosmischen „Yin/Yang" zum Ausdruck kommt.

2. Bei aller Gemeinsamkeit zwischen Mann und Frau ist es hilfreich, die unterschiedliche Lebensart im gesamten Denken, Fühlen und Verhalten zu kennen. Desto leichter fällt es, die Unterschiede synergetisch zu nutzen, statt die Andersheit des anderen als „nicht normal" zu bekämpfen oder abzuwerten.

3. Konkret: Männer bewegen und orientieren sich tendenziell mehr auf der Sachebene, Frauen eher auf der emotionalen Ebene, was keinesfalls bedeutet, daß Frauen nicht sachlich sein und Männer keine Gefühle haben können.

4. Bei Schwierigkeiten, Problemen und Konflikten machen sich Männer spontan an die Lösung und richten Augenmerk und Energie auf die Beseitigung, aufs Management, während Frauen oft schon mit Verständnis, Zuhören, Mitgehen und Mitgefühl geholfen ist – vor aller Problemlösung.

5. Die bekannten Hintergründe: Jungen lernen von früh an, ihre Beziehung zu anderen über Wettkampf und Konkurrenz zu definieren, während bei Mädchen gefühlsmäßige Verbundenheit und Beziehung Vorrang hat.

6. Auch beim Äußern und „Herauslassen" von Gefühlen entspricht es den verbreiteten Rollenmustern, daß von Jungen und Männern eher erwartet wird, daß sie sich zurückhaltend und „cool" verhalten, während Mädchen und Frauen mehr „Erlaubnis" haben, Gefühle auszudrücken und auszuleben.

Daraus als Fragen für die weitere Diskussion:

- In welchen Punkten hätte ich als Mann es nötig, „weiblicher" zu werden?
- In welchen Punkten hätte ich als Frau es nötig, „männlicher" zu werden?

🕮 Zum Weiterlesen:
John Gray: Männer sind anders. Frauen auch. Goldmann, München 1998.

Ebenbürtigkeit – was ist das?

Als junges Paar hatten beide ihren Beruf, beide waren erfolgreich und beide verdienten ihr eigenes Geld. Jeder hatte seinen Haushalt, und mal hat er sie und mal sie ihn eingeladen und bekocht. Dieses gegenseitige Verwöhnen bereitete ihnen ganz besonderes Vergnügen, und von den gemeinsamen Nächten, die dann folgten, träumen sie heute noch. Sie fühlten sich beide ebenbürtig: gleich stark, gleich kompetent, gleich wertvoll. Dann sind sie zusammengezogen, haben geheiratet, und plötzlich war alles anders. Es war klar, daß nun das Kochen ihre Sache war, und wenn er den Kühlschrank einmal leer vorfand und die Geschäfte bereits geschlossen hatten, warf er ihr einen strafenden Blick zu, und sie redete sich schuldbewußt heraus, warum sie nicht zum Einkaufen gekommen war. Dann kam das erste und bald das zweite Kind. Sie verdiente kein Geld mehr und begann, sich von ihm abhängig zu fühlen. Er war den ganzen Tag weg, und wenn er nach Hause kam, war er müde und wollte seine Ruhe haben. Die Versorgungsaufgaben wurden immer ausschließlicher zu ihrer Sache. Nach dem Essen stand er auf und ging an seinen PC. Daß der Tisch noch voll mit Geschirr war, das fiel ihm nicht einmal auf. Die Kinder kamen mit ihren Wehwehchen selbstverständlich nur zu ihr, er hatte ja keine Zeit oder war zu müde, und am Abend im Bett wollte er mit ihr schlafen ... Sie wurde zur alleinigen „Beziehungs-Arbeiterin" in der Familie, während der Mann das Geld verdiente und Karriere machte. Das Gefühl vom Anfang, von Ebenbürtigkeit, gleicher Stärke und gleichem Wert war dahin. Sie kam sich bald wie eine Dienerin vor, manchmal auch wie der letzte Dreck.

Ein häufiger Teufelskreis

Häufig sind es nur die Frauen, die über solche Entwicklungen klagen. Aber auch bei Änderungsbereitschaft auf beiden Seiten schlittert man immer wieder in die geschilderte Rollenaufteilung hinein – obwohl das

Paar häufig unter ganz anderen, „gleichwertigen" Vorzeichen angetreten ist. Manche Frauen resignieren dann, fügen sich in ihr Schicksal, nehmen, sofern sie wieder in den Beruf einsteigen, die Doppel- und Dreifachbelastung von Kindern, Haushalt und Beruf in Kauf und schleppen jahrelang die Last der Familie bis zur völligen Erschöpfung. Andere rebellieren, begehren gegen ihre „Paschas" auf, verweigern sich ihnen im Bett und werden von diesen als Emanzen beschimpft. Von der Seite der Männer her sieht die Sache nämlich sehr anders aus: Sie fühlen sich oft im Beruf überbeansprucht, die „Frauen-Kinder-Welt" zu Hause wird ihnen immer unvertrauter, in ihr haben sie immer weniger zu sagen, sie fühlen sich wie Eindringlinge in ihren eigenen vier Wänden, und jetzt wird ihnen auch noch im Bett das bißchen Genuß und Entspannung versagt ... Ein nicht mehr enden wollender Machtkampf entwickelt sich, an jeder Kleinigkeit des Alltags entzünden sich Grundsatzfragen, die nie eine gemeinsame Antwort finden.

Wie kommt es zu solchen Teufelkreisen? Die beiden haben sich doch einmal sehr geliebt! Und sie wollten ganz bewußt, ja programmatisch Gleichwertigkeit und Ebenbürtigkeit verwirklichen! Es ist, als ob sich hier Kräfte durchsetzten, die stärker sind als unser bewußtes Wollen. Welche Kräfte sind das? Sicherlich sind es auch die Strukturen und die Organisationsformen unserer industriellen und postindustriellen Gesellschaft, welche Familien- und Berufswelt noch immer weitgehend auseinanderreißen und damit eine Integration beider Welten im individuellen Leben fast unmöglich machen. Andererseits aber müssen wir sagen, daß viele Betriebe heute schon Regelungen anbieten, die sehr viel mehr an Aufteilung von Familien- und Berufsarbeit ermöglichen würden, als tatsächlich von den Angestellten in Anspruch genommen wird. Auch da, wo eine andere Aufteilung ohne weiteres möglich wäre, zum Beispiel bei Selbständigen, beobachten wir genau dieselben Entwicklungen: Die Frau fühlt sich immer mehr als Dienerin der Familie, für die sie ihre Selbstverwirklichung opfert, und der Mann fühlt sich immer mehr als Außenseiter der Familie, in der die Frau alle Fäden zieht.

Gefangen in alten Rollenmustern

Welche Kräfte sind hier am Werk? Welche Entwicklungen untergraben die Ebenbürtigkeit von Frau und Mann? Ich möchte im folgenden auf einige Faktoren hinweisen. Zunächst ist hier die *Macht der Vorbilder* zu nennen. Die Rollenaufteilung unserer Elterngeneration ist nicht so leicht zu überwinden, wie wir im Schwung der ersten Liebe gemeint haben. In der Zeit zwischen Elternhaus und eigener Familiengründung brechen wir zu neuen Ufern auf. Die Möglichkeit, etwas Neues und ganz anderes als unsere Eltern zu realisieren, erscheint greifbar nahe. Wenn wir dann Ehemann und Ehefrau, Mutter und Vater werden, wird es schwieriger. Ohne es zu wissen, orientieren wir uns an den bekannten Leitbildern: nämlich daran, wie unsere Eltern das Frau-Sein und Mann-Sein, das Vater- und Mutter-Sein verwirklicht haben. Der Ehemann, der vom Tisch aufsteht und gar nicht auf die Idee kommt, abzuräumen, tut dies mit hoher Wahrscheinlichkeit genau wie sein Vater, und die Frau, die ein schlechtes Gewissen bekommt, wenn der Kühlschrank leer ist, vollzieht darin meist genau die Rolle ihrer Mutter in der Herkunftsfamilie nach. Es ist nicht leicht, etwas ganz anderes als unsere Eltern zu machen, wenn wir in dieselbe Lebenssituation kommen. Meist aktivieren wir dann ganz ähnliche Verhaltensmuster, denn das lebende Modell hat sich uns als Kindern am tiefsten eingeprägt. Und gerade dann, wenn wir alles, was zu Hause war, über Bord werfen und das gerade Gegenteil machen wollen, ist die Chance, daß wir's genau so machen wie Vater und Mutter, besonders groß. Das gilt für beide Geschlechter, und wenn die Frauen den Männern Pascha-Gehabe vorwerfen, sollten sie sich immer gleichzeitig fragen, ob sie nicht auch von sich aus in die Rollen ihrer dienenden und sich selbst abwertenden Mütter schlüpfen und so die Männer ihrerseits auch einladen, den Pascha zu spielen.

Was ist hier zu tun? Wir sollten uns bewußt sein, daß unsere elterlichen Leitbilder viel tiefer in uns sitzen und wirken, als wir es wahrhaben wollen. Wir sollten uns also deswegen nicht böse sein, sondern zunächst davon ausgehen, daß es so ist, bei der Frau genau wie beim Mann. Wenn wir uns dessen bewußt sind, dann kann es einen gemeinsamen Lernprozeß geben. Dann werde ich als Mann die Kritik meiner Frau zum Anlaß nehmen, mein Verhalten zu reflektieren und zu überprüfen, inwiefern ich darin väterliche Rollenmuster nachvollziehe. Ähnlich werde ich als Frau damit rechnen, daß es nicht, wenigstens nicht *nur* am Mann liegt, wenn ich in der Hausfrauen- und Mutterrolle versacke, sondern mindestens auch daran, daß ich die Rolle, die meine Mutter in der Herkunftsfamilie gespielt hat, in Teilen nachspiele. Aus dieser Bewußtheit heraus sind Verhaltenskorrekturen möglich, und außerdem entlaste ich damit den Partner von der Schuldzuschreibung, daß er es ist, der mich in diese Rolle hineinmanövriert.

Unausgeglichene Bilanz von Geben und Nehmen

Ein zweiter Faktor, der die Ebenbürtigkeit auf dem Weg vom verliebten Paar zum Elternpaar mit Kindern oft zerstört, ist eine Veränderung in der *Bilanz von Geben und Nehmen.* Wir fühlen uns dann gleichwertig in der Paarbeziehung, wenn zwischen uns ein ausgewogenes Verhältnis von Geben und Nehmen besteht. Wenn ich dem anderen viel gebe und vom anderen viel nehmen kann, „stimmt" die Beziehung. Liebe und Glück zwischen erwachsenen Partnern können nur in dieser Wechselseitigkeit bestehen. Sobald einer der beiden über längere Zeit das Gefühl hat, er gibt nur noch und bekommt nichts, wird er sich ausgebeutet fühlen und sauer werden. Und sobald einer über längere Zeit das Gefühl hat, er bekommt nur noch und gibt nichts mehr, wird er sich immer schlechter und schuldiger fühlen, weil er ja immer mehr „schuldet". Wenn die Frau der Kinder wegen zu Hause bleibt, kommt sie fast automatisch in die vorwiegend gebende Rolle, vor allem dann, wenn der Mann seine Hauptenergie in den Beruf steckt und stecken muß. Sie ist ja ständig mit Bedürftigkeiten konfrontiert und wird ständig als die Gebende angefragt. Der Mann merkt oft über lange Zeit nicht, daß sich hier eine gefährliche Schieflage einspielt, in der er immer mehr zum emotionalen Kostgänger und seine Frau zu einer „Übermutter" wird, deren „fürsorglicher Belagerung" (Heinrich Böll) er sich zu entziehen beginnt. Die Frau dagegen fühlt sich immer mehr als Dienerin oder Sklavin, sie fühlt sich leer und ausgebrannt. Und wenn ihr dann ein Mann über den Weg läuft, bei dem sie sich endlich wieder als Nehmende erlebt, kann es mit der Ehe sehr schnell vorbei sein.

Paare sollten also darauf achten, solche Schieflagen zwischen Geben und Nehmen rechtzeitig zu merken. Sicher ist anzuerkennen, daß Männer ja auch etwas geben, wenn sie für die Familie arbeiten und den Hauptteil des Geldes verdienen. Das Problem ist nur: Dieses „Geben" ist in der Beziehung nicht spürbar. Es geht nicht von Du zu Du, und dies braucht es mindestens auch, damit kein Defizit in der Bilanz entsteht. Oft geht es um gar nichts Großes: einen Blumenstrauß mitbringen, an einem Tag der Woche früher nach Hause kommen und die Kinder übernehmen, sie einmal mit einem schönen Essen verwöhnen ... Auch da, wo die Bilanz „objektiv" nicht ausgeglichen ist und vorerst auch nicht ausgeglichen werden kann, weil es die Lebenssituation verhindert, kann dann gefühlsmäßig im Erleben der Partnerin über solche kleinen Aufmerksamkeiten ein Ausgleich hergestellt werden, vorausgesetzt freilich, daß beide die Bereitschaft dazu aufbringen: der Mann zum Geben und die Frau zum Nehmen.

Mit diesem Nehmen tun sich nämlich manche Frauen höllisch schwer. Wenn er sich beispielsweise aufschwingt und ihr die Kinder abnimmt, damit sie mal einen freien Abend hat, dann kann sie nicht loslassen – weil er es in ihren Augen unbedingt so machen muß, wie sie. Und wenn er mal an die Blumen denkt und ihr überraschend einen Strauß mitbringt, zuckt sie zurück und ruft: „Was ist denn plötzlich mit dir los!?" So wie Männer, vor allem solche, die von ihren Müttern überversorgt wurden, das Geben erst lernen müssen (weil sie als Kinder ihre Kräfte darauf konzentriert haben, sich gegen die mütterliche „Vergewohltätigung" zu wehren), so müssen es Frauen häufig erst einüben, sich etwas schenken zu lassen. Dann kommt allmählich das Wechselspiel in Gang, das in einer Beziehung ein befriedigendes Gleichgewicht schafft.

Ungleicher Zugang zu Machtquellen

Ein dritter Faktor, der für die Ebenbürtigkeit in der Paarbeziehung ein Problem werden kann, ist der unterschiedliche Zugang zu Machtquellen oder Macht-Ressourcen. Überlegenheit oder Unterlegenheit in Beziehungen ganz allgemein hat auch damit zu tun, wer zu welchen Macht-Ressourcen Zugang hat. Solche Ressourcen sind zum Beispiel: Geld, Beruf, Information, Beziehungen. Das junge Paar in unserem Anfangsbeispiel hatte zunächst annährend gleichen Zugang zu gleichen Ressourcen: beide hatten ihren Beruf, beide verdienten ihre Geld, beide hatten auf Grund ihrer Ausbildung einen ähnlichen Informationsstand, und beide bekamen in ihrem beruflichen Beziehungsnetz etwa gleich viel Anerkennung. Wenn ein Paar zur Familie wird, ändert sich das oft schlagartig: Der Mann hat den „vollwertigen" Beruf, verdient das meiste Geld, bekommt die höhere Anerkennung. Dies gibt der Frau ein Gefühl von Unterlegenheit. Aber auf anderer Ebene gilt auch das Umgekehrte: Die Frau hat in einem zentralen Bereich nun Zugang zu Informationen, die der Mann nicht hat. Denn sie hat die Beziehung zu den Kindern. Der Mann fühlt sich darum oft ebenfalls unterlegen. Er wird zu einer Randfigur im familiären Geschehen ohne nennenswerten Einfluß darauf.

Auf dem Weg vom Paar zur Familie treten Mann und Frau in eine neue Lebensphase. Wenn auf die dadurch bedingten Veränderungen der Macht-Ressourcen nicht geachtet wird, läuft das leicht auf ein Machtgerangel hinaus: Weil die Frau keinen Zugang zu den Ressourcen „Beruf" und „Geld" hat, gibt sie dem Mann keinen Zugang mehr zur Ressource „Beziehung zu den Kindern", indem sie ihm wichtige Informationen vorenthält, und der Mann wiederum läßt die Frau, weil er sich daheim immer fremder fühlt, nicht mehr an seinem Beruf teilhaben, und je mehr sie von seiner Welt ausgeschlossen ist, desto mehr behauptet sie die Position in ihrer, der Familien-Welt. Damit bringt einer den anderen in eine unterlegene Position und provoziert ihn gleichzeitig, seinerseits Machtquellen zu aktivieren, über die nur er verfügt. Das kann sich schließlich bis dahin steigern, daß die Frau dem Mann den Zugang zur Ressource „Sexualität" sperrt, worauf der Mann seine Machtquelle „physische Kraft" ausspielt und Gewalt anwendet ...

Solche Beziehungsmuster zerstören die Ebenbürtigkeit der Geschlechter von Grund auf. Darum ist es wichtig, daß Partner darauf achten, sich wechselseitig den Zugang zu ihren Machtquellen einerseits zu öffnen und andererseits diesen Zugang auch zu nutzen. Das heißt zum Beispiel: Die Frau bekommt offenen Zugang zu allen Konten und Unterschrift-Vollmacht, und sie interessiert und engagiert sich auch für die Geldgeschäfte. Oder: Der Mann baut seine eigene Beziehung zu den Kindern auf, und die Frau läßt ihn gewähren, auch wenn er es anders macht als sie. Oder: Beide achten auf ein annähernd gleiches Maß an Außenkontakten, und sie unterstützen sich bei deren Aufbau und Pflege. Dem anderen Zugang zu den Ressourcen zu gewähren sowie den Zugang auch zu nutzen und sich nicht selber – zum Beispiel durch Desinteresse – auszuschließen, das heißt die Macht in einer Beziehung zu teilen und damit immer wieder Ebenbürtigkeit herzustellen.

Ebenbürtigkeit ist keine feststehende Tatsache. Sie ist ein Ziel, das immer wieder angestrebt werden und ein Prozeß, der immer wieder in Gang gesetzt werden muß. Durch gesellschaftliche Vorgaben, durch innere Bilder aus unseren Herkunftsfamilien und durch unbemerkt sich einspielende Beziehungsmuster kann sie immer wieder verlorengehen. Wenn das geschieht, bedeutet es für einen oder beide Partner eine tiefe Verletzung des Selbstwertgefühls. Dies kann zum Keim einer tiefgreifenden Beziehungskrise werden. Darum ist Achtsamkeit und Aufmerksamkeit am Platz, damit wir rechtzeitig gegensteuern können – um der Liebe willen.

Thesen zur Ebenbürtigkeit von Frau und Mann

1. Daß Frauen und Männer ebenbürtig sind, ist theoretisch unbestreitbar. Praktisch aber geraten Paare in ihrem Zusammenspiel immer wieder aus der Balance. Ebenbürtigkeit ist also keine feststehende Tatsache, sondern ein Prozeß, der im Leben der Partner immer wieder hergestellt werden muß.

2. Wenn wir von den strukturellen Gegebenheiten einmal absehen, die Ungleichheit herstellen, und nur die individuellen Faktoren betrachten, dann wird Ebenbürtigkeit gestört oder zerstört
- durch verinnerlichte alte Rollenbilder, die unser Verhalten steuern;
- durch ein unausgewogenes Verhältnis von Geben und Nehmen;
- durch einseitige Machtausübung im Zusammenleben.

3. Altes Rollenverhalten, einseitiges Geben / Nehmen und einseitige Machtausübung laufen meist außerhalb unseres Bewußtseins und gegen unsere erklärte Absicht. Darum braucht es eine hohe Aufmerksamkeit, eine selbstkritische Einstellung und die Bereitschaft, dem Partner entsprechendes Feedback zu geben und von ihm anzunehmen, um den Verstößen gegen die Gleichwertigkeit in der Partnerschaft immer wieder auf die Spur zu kommen und Schritte zur Korrektur einzuleiten.

🕮 Zum Weiterlesen:

Rosmarie Welter-Enderlin: Deine Liebe ist nicht meine Liebe. Partnerprobleme und Lösungsmodelle aus systemischer Sicht. Herder, Freiburg 1997. Darin das Kapitel: „Dominanz und Gewalt in Paarbeziehung", S. 89–105.

Die Fehler des anderen

Alfred ist ein ordnungsliebender Mensch. Er braucht es, daß alles an seinem Platz, alles übersichtlich und überschaubar ist. Es regt ihn furchtbar auf, daß es seine Frau Angelika mit der Ordnung nicht so genau nimmt wie er. Alfred will, daß die Kontoauszüge neben dem Telefon abgelegt werden, bevor er sie abheftet, und nirgendwo anders. Angelika legt sie manchmal neben das Telefon, aber manchmal läßt sie sie auch auf dem Schreibtisch oder sogar auf dem Küchentisch liegen. Nach Alfreds Prinzipien muß die Essigflasche immer im selben Regal an derselben Stelle stehen. Angelika dagegen genügt es, wenn die Essigflasche ungefähr in dieser Gegend steht. Über solche und ähnliche Unterschiede regt sich Alfred furchtbar auf. Und schon gar nicht kann er es haben, wenn er abends vom Geschäft nach Hause kommt und gleich in der Diele über den Teddybären des Sohnemanns stolpert, wärend dieser sich irgendwo mit etwas ganz anderem beschäftigt. In solchen Punkten geraten die beiden immer wieder aneinander. Zunächst haben sie sich abgemüht. Alfred hat versucht, toleranter zu werden, Angelika war bemüht, sich nach seinen Vorstellungen zu richten. Aber irgend so ein blöder Kontoauszug blieb dann doch wieder auf dem Küchentisch liegen, irgendein Spielzeug verirrte sich doch wieder in die Diele, und das hat Alfreds Toleranzgrenze dann irgendwann doch wieder überstiegen. Mit der Zeit haben sie es aufgegeben, sich zu bemühen. Angelika wird nur noch wütend und schimpft Alfred einen ekelhaften Pedanten, und dieser nennt sie ein Chaosweib, und manchmal sogar eine Schlampe. Jeder meint, daß es am andern liegt und will, daß der sich ändert. Beide haben sich in einen scheinbar unlösbaren Konflikt verhakt. Mit dem Bild eines bekannten Bibeltextes (Lk 6,39–42) gesprochen: Beide sehen nur den Splitter im Auge des Partners und regen sich darüber furchtbar auf. Und wie es im Text weiter heißt: „den Balken im eigenen Auge" sehen sie nicht!

Der Sündenbock-Mechanismus

Wenn wir zunächst den Blick nur auf Alfred richten, läßt uns das fragen: Regt er sich etwa deshalb so auf über die Unordnung von Angelika, damit er keine Zeit und Energie mehr hat, sich mit sich und eigenen Fehlern zu beschäftigen? Zum Beispiel mit seinen Konflikten, die er mit seinen Kollegen am Arbeitsplatz hat? Zum Beispiel damit, daß er es seit Wochen hinausschiebt, den Rasenmäher zu reparieren? Zum Beispiel, daß er nie Zeit findet, mit seinem kleinen Sohn zu spielen? Die Konzentration auf das Thema Ordnung – Unordnung ließe ihn also immer im Lichte des Gerechten erstrahlen, während Angelika immer wieder zur Ursache allen Übels würde. Damit wäre also ein sozialpsychologischer Mechanismus angesprochen, der im großen wie im kleinen schon viel Unheil gestiftet hat: der Sündenbock-Mechanismus. Wenn man jemanden die Schuld für irgend etwas besonders heftig in die Schuhe schiebt, dann geschieht es meist, um sich vom eigenen Beitrag zur Misere entlastet fühlen zu können. So gesehen legt uns der zitierte Bibeltext nahe: Wenn du dich gar zu sehr ereiferst über den Splitter im Auge des anderen, dann ist leider zu vermuten, daß du allen Grund hast dazu, denn in deinem eigenen Auge steckt ein Balken! Alfred wäre also gut beraten, zunächst vor der eigenen Haustüre zu kehren, bevor er an seiner Frau herumkritisiert.

Warum das so schwer ist, hat allerdings tiefere Ursachen. Die Sache ist komplexer und sozusagen raffinierter, als sie zunächst erscheint. Man muß sich nämlich fragen, warum sich Alfred gerade am Thema Ordnung immer wieder so aufregt. Es gäbe ja auch noch andere Themen, mit denen er von seinen eigenen Fehlern ablenken könnte. Aber immer geht es um diesen Punkt. Nichts kann ihn so aus dem Häuschen geraten lassen, wie der Kontoauszug auf dem Küchentisch oder der Teddybär in der Diele. Wenn wir sagen, nun, er ist halt ein ordnungsliebender Mensch, dann erklärt das noch wenig. Denn dann müßte er sich doch nicht derart aufregen. Ja man muß sagen: Über Unordnung regt er sich nicht nur irgendwie, sondern geradezu inbrünstig auf. Fast mit Lust *sucht* er Gelegenheiten, wo er an diesem Thema hochgehen kann. Und das macht die Lage besonders schwierig. Angelika bekommt das Gefühl, daß es hier für sie kein Entrinnen gibt. Irgendwann und irgendwo erwischt er sie doch wieder, und dann war alles Bemühen umsonst.

Der Balken im eigenen Auge

Unser Bibelwort scheint mir eine Einsicht zu enthalten, die uns die moderne Psychologie bewußt macht und die für unser Zusammenleben im Alltag von größter Bedeutung ist. Der berühmte C. G. Jung spricht davon, daß das Leben aus Polaritäten, aus Gegensätzen besteht. Ist die *eine* Seite stark ausgeprägt, ist ihr Gegenteil nicht einfach verschwunden. Ist jemand nach außen hin sehr rational, ist die Gefühlsseite nicht einfach *nicht* vorhanden, sie ist durchaus da, freilich im Innern und verborgen. Ist jemand sehr fleißig, dann ist sein Charakter nicht einfach frei vom Gegenteil, von der Trägheit. Vielleicht ist die Trägheit wie ein ständiger Feind in ihm am Werk, und mit seinem Fleiß kämpft er ununterbrochen gegen ihre Bedrohung. Jung spricht in diesem Zusammenhang vom persönlichen *Schatten* und meint damit: Wenn wir bestimmte Eigenschaften in unserem Leben stark ausprägen, verschwindet deren jeweiliges Gegenteil nicht einfach aus unserer Seele, es bleibt in uns vorhanden und lebendig, allerdings im Verborgenen, im „Schatten" sozusagen. So ist die Gefühlsseite der Schatten des Rationalen, und dieser muß unter Umständen deshalb so rational sein, damit er von seinen Gefühlen nicht überwältigt wird. Die Trägheit ist der Schatten des Fleißigen, und er ist vielleicht deshalb so fleißig, damit sie ihn nicht, sozusagen von hinten, überfällt und lähmt. Diese Lehre vom persönlichen Schatten läßt uns im Blick auf unseren Fall fragen: Ist vielleicht Alfred deshalb so ordnungsliebend, weil es in seiner Seele auch Chaos gibt? Bekämpft er die Unordnung Angelikas deshalb so wütend, weil sie an dieses innere Chaos rührt, das er mit seiner Ordnungsliebe nur mühselig unter Kontrolle hält? Was könnte ein solches inneres Chaos sein? Übertrieben ordnungsliebende Menschen sind häufig mit ihrer inneren Triebwelt nicht im Reinen. Sie hatten zum Beispiel als Kinder nie die Möglichkeit, sich mit ihren aggressiven oder sexuellen Impulsen auseinanderzusetzen, weil sich da sofort drohend ein strenger Zeigefinger erhob, so daß ihnen nichts übrigblieb, als die gesamte aggressive und sexuelle Triebenergie zu verdrängen, sozusagen hinter Schloß und Riegel zu setzen. Im Unterbewußtsein rumort es nun unbearbeitet und ungeklärt – eben: als inneres Chaos, das man im Untergrund spürt, mit dem man nie klar gekommen ist und das man deshalb mit seinem Ordnungsfanatismus nur mühsam unter Kontrolle hält. Darum regt einen der Splitter im Auge der Partnerin so auf, weil er einen an den Balken im eigenen Auge erinnert.

C. G. Jung sagt dazu: Unsere Schattenseiten sind uns unvertraut, unangenehm, und sie bedrohen uns. Darum greifen wir zu einem Gegenmittel, und dieses Gegenmittel wird in der Psychologie Projektion genannt. Das heißt: Wir hängen dem anderen unsere Schattenseite an und machen sie ihm dann zum Vorwurf. Wenn also Alfred Angelika Chaosweib schimpft, dann gibt sie ihm mit ihrer Unordnung zwar Anlaß dazu, aber aufregen tut er sich deshalb so arg, weil ihm in ihrer Unordnung sein eigener Schatten, sein eigenes Chaos begegnet. Das hat psychisch gesehen Vorteile: Angelika verkörpert nun das Chaos. Und wenn er sie deshalb „Schlampe" nennt, erscheint uns diese Anspielung auf den sexuellen Bereich nun keineswegs unverständlich. Wenn Alfred das Chaos an ihr bekämpft, braucht er sich nicht mehr in seiner eigenen Seele darum zu kümmern. Das entlastet die eigene Psyche. Aber andrerseits zerstört es natürlich die Beziehung. Der Partner fühlt dunkel: Zu irgend etwas diene ich dem anderen. Der andere benützt mich für etwas, er trägt an mir etwas aus, was eigentlich seine Sache wäre.

Dasselbe, was wir jetzt im Lichte des Bibelwortes und der Psychologie Jungs von Alfred sagen, trifft natürlich andrerseits auch auf Angelika zu. Denn Paare spielen in ihren Problemen ja immer zusammen. Angelikas Unordnung ist nur die eine Seite an ihr. Menschen wie sie bekämpfen mit ihrer sogenannten Großzügigkeit oft das genaue Gegenteil, das sie auch in sich tragen: nämlich einen regelrechten Ordnungsfanatismus. Es könnte sein, daß Angelikas „Großzügigkeit" in Ordnungsdingen in Wirklichkeit sehr wenig großzügig ist. Vielmehr könnte es sich um eine innerlich fixierte rebellische Haltung handeln, die sich gegen die Pingeligkeit richtet, die ihr in ihrem Elternhaus antrainiert werden sollte und gegen die sie sich jetzt immer noch wehrt, indem sie das genaue Gegenteil davon tut. Aber die Pingeligkeit ist damit nicht einfach verschwunden. Sie hat sie – zusammen mit ihren inneren Eltern-Bildern – lediglich in den „Schatten" ihrer Seele abgedrängt. Und nun, in Alfred, tritt ihr dieser Schatten wieder sozusagen leibhaftig gegenüber. Sie projiziert also auch ihrerseits, nämlich ihre eigene überstrenge Seite auf Alfred und bekämpft sie an ihm. Bei beiden vollzieht sich dasselbe: Indem sie den Splitter im Auge des anderen fixieren, sehen sie den Balken im eigenen Auge nicht – und zerstören damit ihre Beziehung, weil jeder den anderen zum Schuldigen macht.

Als Abhilfe gibt unser Bibeltext im weiteren Verlauf einen einfachen Rat: „Zieh zuvor den Balken aus deinem Auge und siehe dann zu, daß du den Splitter aus deines Bruders Auge ziehst!" Aber so einfach ist das halt nicht, und dies vor allem aus einem Grund: Der Mechanismus, den ich erklärt habe, der Mechanismus der Projektion des Schattens und der Bekämpfung des Schattens am anderen, wie das die Psychologie nennt, wird von den meisten Paaren nicht durchschaut. Sie gleichen den beiden Blinden, von denen in der Textstelle, die unserer vorausgeht, geredet wird, von denen einer den anderen in die Grube hineinmanövriert. Es ist nötig, daß wir zuvor Sehende werden, damit wir den Rat des Jesuswortes befolgen können.

Ehrlich zu sich selbst

Sehende werden heißt zunächst einmal: solche psychologischen Zusammenhänge, wie sie eben dargelegt wurden, zur Kenntnis und ernst zu nehmen. Viele, vor allem auch religiöse Menschen, tun sich allzuleicht, diese Erkenntnisse einfach zu ignorieren. Sie bringen sich damit um ein wichtiges Stück Lebenshilfe. Sehende werden heißt weiter: ehrlich zu sich selber werden. Was ich von Alfred und Angelika geschildert habe, ist menschlich. Man kann es nachfühlen, und man kann Verständnis dafür haben. Es fällt niemandem ein Stein aus der Krone, wenn er sich sagen muß: Auch ich mache es so, auch ich habe meinen Schatten, auch ich neige dazu, diesen auf meinen Partner zu projizieren und dann an ihm zu bekämpfen. Sehend werden heißt schließlich: es für möglich halten, daß der Partner mich immer dann, wenn er mich besonders aufregt, auf etwas ganz Wichtiges an mir selbst hinweist, nämlich auf meinen eigenen Schatten. *Die Seiten am Partner, die mich besonders aufregen, stellen mich selbst vor meine eigenen wichtigsten Entwicklungsaufgaben.*

Der Partner macht mich mit seinen Splittern auf den eigenen Balken aufmerksam. Daran zu gehen, diesen eigenen Balken herauszuziehen, ist zwar unangenehm und schmerzhaft, aber wenn wir die Fehler des anderen dazu benützen würden, uns mit uns selber auseinanderzusetzen, anstatt den anderen zu bekämpfen, dann hätten wir etwas wirklich Wichtiges für die Liebe getan. Statt wie Blinde uns gegenseitig in die nächste Grube zu lotsen, würden wir einander Gefährten, die sich gerade dort, wo sie sich aneinander reiben, auf dem gemeinsamen Weg voranbringen.

Regeln für den Umgang mit den „Fehlern" des anderen

1. Wenn mich etwas am anderen aufregt, hat das fast immer auch mit mir etwas zu tun. Das Abgelehnte schlummert an irgend einer Stelle auch in meinem eigenen Innern und macht mir möglicherweise angst.

2. Es nimmt der Auseinandersetzung über sogenannte Fehler des anderen in der Partnerschaft viel Schärfe und Heftigkeit, wenn ich mich diesem „Schatten" in meinem Innern zuwende.

3. Es ist gut, Lösungen oder Kompromisse auf der Handlungsebene zu suchen, wenn die „Fehler" des anderen die organisatorischen Abläufe des Zusammenlebens stören. Aber das reicht oft nicht. Wo das nur mühsam oder überhaupt nicht zu erreichen ist, kommt Bewegung in die Auseinandersetzungen um die Fehler des anderen, wenn jeder den Blick vom anderen weg zum eigenen „Schatten" im Innern wendet, sich diesem stellt und versucht, ihn liebevoll anzuschauen und anzunehmen.

🕮 Zum Weiterlesen:
Joachim Engl/Franz Thurmaier: Wie redest du mit mir? Fehler und Möglichkeiten in der Paarkommunikation. Herder, Freiburg 1997.

Wie Macht die Liebe stört

Die beiden verbrachten ihren Winterurlaub in den Bergen. Eines Vormittags wanderten sie einen tief verschneiten Hang entlang, er ein Stück voraus, sie hinterdrein. „Schau", rief sie ihm nach, „wie wunderbar sich der dicke Schnee auf dem Scheunendach vom tiefblauen Himmel abhebt!" Wie er sich umwandte, sah er zwar das Dach, aber viel stärker beeindruckte ihn die grandiose Bergkulisse, die sich dahinter auftat, und er entgegnete: „Mhm – und schau, wie toll erst dieses herrliche Panorama ist!" – An dieser Stelle brach das Gespräch ab. Irgend etwas Ungutes war geschehen. Aber was? Es klingt zwar für den Anlaß etwas bombastisch, und doch ist es so: Die beiden hatten sich in diesem Mini-Dialog in einen Machtkampf verwickelt.

Macht spielt in Paarbeziehungen eine große Rolle. Denn Macht bedeutet immer: Ich übe auf den anderen Einfluß aus. Das machen wir aber – gerade in unseren persönlichsten Beziehungen – täglich, ja stündlich. Daran ist auch gar nichts auszusetzen. Es kommt allerdings darauf an, *wie* wir das tun. Es gibt faire Machtausübung, die der Paarbeziehung nicht schadet, sondern ihr sogar nützt, und es gibt unfaire Machtausübung, welche die Liebe tötet. Worin der Unterschied besteht, das werden wir uns im folgenden klarmachen.

Macht und Kommunikation

Gehen wir zu unserem Beispiel zurück. Die Frau beschreibt eine bestimmte Situation, die sie fasziniert. Der Mann bezieht sich in seiner Reaktion jedoch nicht darauf, er geht darüber hinweg – aus Unachtsamkeit oder gewohnheitsmäßig – und setzt seine Beschreibung daneben. Hier reißt die Kommunikation ab – und beide fühlen sich schlecht. Warum? Die Frau, die ihre Begeisterung äußert, wünscht sich unausgesprochen, daß der Mann sich ihr anschließt und diese mit ihr teilt. Statt dessen konkurriert er mit ihr, denn er setzt seine

Begeisterung dagegen und erwartet wahrscheinlich seinerseits, daß die Frau sich nun ihm anschließt und *seine* Begeisterung teilt. Damit hat aber tatsächlich ein Machtkampf begonnen. Er ist noch winzig klein, aber er könnte sehr schnell eskalieren. Die Frau bräuchte nur, wozu man sich ja in einer solchen Situation provoziert fühlt, mit ärgerlichem Unterton auf ihrem Standpunkt beharren, und schon könnte der Mann zu einer Verteidigungsrede ausholen. Rasch hätten sie den Anlaß, die schöne Landschaft, vergessen, es ging nur noch um „Grundsätzliches", wer nun eigentlich recht hat, und überhaupt ... Die Stimmung wäre beim Teufel. Sicher würden sie immer lauter, würden sich anschreien und schließlich abrupt in düsteres Schweigen versinken. So entsteht es und so sieht es aus, das typische *„Machtkampf-Muster"*, in das sich manche Paare so verwickelt haben, daß nahezu jedes Thema zu einem neuem Streit gerät. Dieses Muster besteht im wesentlichen darin, daß beide ihre Sichtweisen von der Wirklichkeit einander entgegensetzen, jeder vom anderen Gefolgschaft verlangt, aber jeder ebenso heftig dem anderen die Gefolgschaft verweigert.

Ein zweites – nicht weniger destruktives – Macht-Muster besteht darin, daß einer der Partner immer *nur* definiert und bestimmt und der andere sich dem immer *nur* anschließt und unterwirft. Dies ist das sogenannte *„Dominanz-Unterordnungs-Muster"*, bei dem einer immer „oben" und der andere immer „unten" ist. Das führt zwar nicht zum Kampf, jedenfalls nicht zum offenen, jedoch zu einer ganz und gar ungleichen Machtverteilung zwischen Mann und Frau. Auf die Dauer wird das ebenso unerträglich wie das Machtkampfmuster, und zwar für beide. Der „oben" fühlt sich bald alleingelassen, der „unten" unterdrückt und abgewertet, und er beginnt darum oft mit verdeckten Machtspielen, mit Manipulation und Sabotage, seine Position zu verbessern. So rächt sich zum Beispiel die „dienende" Frau am dominanten Mann, indem sie mit häufiger Migräne alles lahmlegt. Der „oben" wird in der Regel seines Lebens als „Mächtiger" nicht froh, er muß seine Position mit ständig neuen Maßnahmen sichern. Daß auch dabei die Liebe auf der Strecke bleibt, braucht nicht eigens erwähnt zu werden.

In einer Paarbeziehung müssen beide beides lernen: dem anderen gegenüber Position zu beziehen und: sich der Position des anderen anzuschließen. Sich anschließen heißt: dem anderen zustimmen, mit seinen Gefühlen der Freude, Begeisterung oder der Angst und

Unsicherheit mitschwingen, sich vorübergehend ganz auf seine Perspektive einlassen. Dies hätte der Mann in unserem Beispiel gemacht, hätte er auf den begeisterten Ausruf seiner Frau reagiert: „Oh ja, ganz toll! Dieser Kontrast! Und wie der Schnee auf dem Dach in der Sonne glitzert!" Das wäre der Ton gewesen, der sich mit dem ihren zu einem schönen Akkord verbunden hätte. Dann hätte er, eine Weile später auch seinen Ton anschlagen und die Frau auf die Bergkulisse im Hintergrund aufmerksam machen können, und wenn sie dann ihrerseits in seine Melodie eingestimmt hätte, wäre es ein schönes, sogar ein sich steigerndes Duett geworden und kein unerquickliches Machtgerangel. Das Mit-gehen, Mit-schwingen, Mit-klingen mit dem anderen können viele nicht. Sie müssen immer irgend etwas dagegensetzen – mit großen Schaden für die Beziehung.

Nicht weniger wichtig ist es andererseits, auch seinen Standpunkt in der Beziehung vertreten zu lernen, kraftvoll und mit Nachdruck. Immer *nur* mitgehen, sich immer *nur* anschließen, damit scheint man zwar ein „pflegeleichter" Partner zu sein, aber auf Dauer blokkiert das die Beziehung genauso. Denn erstens gebe ich dann keine eigenen Impulse mehr in die Beziehung hinein und zweitens provoziere ich so den Partner, immer mehr die dominante Position einzunehmen.

Macht und Macht-Quellen

Worüber ich bereits in anderem Zusammenhang gesprochen habe, das ist hier nochmals zu erwähnen: Machtkämpfe oder Dominanz-Unterordnungs-Beziehungen unter Partnern können auch damit zusammenhängen, daß beide ungleichen *Zugang zu den verfügbaren Macht-Quellen* haben. Geld ist zum Beispiel eine wichtige Machtquelle. Wenn der Mann der Frau keinen Zugang zum Konto gibt und sie über die finanzielle Lage im unklaren läßt, schubst er sie – auch wenn er sonst ein noch so zurückhaltender Mensch ist – in die untere Position. Er konstituiert zwischen sich und ihr ein Machtgefälle. Sie wird sich dann nicht für voll genommen fühlen und offen oder versteckt dagegen angehen. Sie schart zum Beispiel die Kinder um sich und macht einen der Söhne zu ihrem Vertrauten. So zwingt sie ihrerseits den Mann in eine untere Position. Denn auch Beziehungen sind Machtquellen, und hat der Mann keinen Zugang mehr zu den Kindern, wird er in diesem Bereich zum Ohnmächtigen, was ihn sehr oft zu weiterem Ausbau der eigenen Machtbereiche veranlaßt, was wiederum bei der Frau ähnliche Gegenmaßnahmen hervorruft: Die eheliche Rüstungsspirale ist dann in vollem Gange.

Zu ähnlichen Machtkämpfen nutzen Paare auch noch viele andere Machtquellen, zum Beispiel physische Kraft (Männer!), sexuelle Attraktivität (Frauen!), Informationen und unterschiedliche gesellschaftliche Kontakte: Man verwendet diese gegeneinander und schließt davon gegenseitig aus. So stärkt man zwar die eigene Position, schwächt aber gleichzeitig die Liebe.

Für Paare könnte es ein nützliches Vorhaben sein, die vorhandenen Macht-Quellen, über die sie als Individuen in ihren unterschiedlichen Rollen verfügen, einmal systematisch aufzulisten und darüber zu diskutieren, ob sie sich gegenseitig offenen Zugang dazu gewähren. Zeitweise bringt es freilich die Familiensituation mit sich, daß eine gleiche Verteilung der Ressourcen vorübergehend nicht möglich ist, zum Beispiel wenn die Frau wegen der Kinder beruflich zurückstecken und der Mann wegen der Existenzsicherung den Beruf überbetonen muß. Ein Ausgleich in dieser Situation kann dann dennoch geschehen, nämlich durch offene Kommunikation und ständigen Austausch der Partner untereinander. Dadurch wird Vertrauen geschaffen, und das Gefühl von Ebenbürtigkeit entsteht, selbst wenn „objektiv" die Gewichte ungleich verteilt sind.

Gute und schlimme Formen der Machtausübung

Macht kann in Beziehungen sehr verschiedene Formen annehmen, und das macht den Unterschied aus. Wir unterscheiden Behinderungsmacht, Begrenzungsmacht und Ermöglichungsmacht. Eine Frau, die sich ihrem Mann grundsätzlich sexuell verweigert, übt auf ihn *Behinderungsmacht* aus, aber ebenso ein Mann, der sich grundsätzlich weigert, seiner Frau Auskunft über sein Innenleben zu geben. Hier wird dem anderen verwehrt, was er braucht, um in einer Beziehung leben zu können. Die Möglichkeiten zu dieser destruktiven Machtausübung sind vielfältig: Man kann den Partner zum Beispiel *von oben drücken*: „Laß mich das machen, das verstehst du nicht!" (vorwiegend männliche Strategie). Man kann den anderen aber auch *nach unten ziehen*: „Plustere dich doch nicht so auf wie ein Gockel!" (vorwiegend weibliche Strategie). Oder man kann ihn *ins Leere laufen lassen*, indem man in Schweigen versinkt, passiv wird oder Zusagen macht, die leere Worte bleiben. Behinderungsmacht übt aus, wer den anderen in seinem berechtigten Anspruch an Selbstentfaltung beschneidet und ihm, wie oben dargelegt, den Zugang zu den Machtressourcen, die ihm zustehen, verweigert.

Behinderungsmacht ist also in Beziehungen immer negativ zu bewerten. Anders ist es bei der *Begrenzungsmacht*. Wenn ich diese ausübe, schütze ich meinen Bereich vor den Ansprüchen des anderen: „Ich will, daß du mich ausreden läßt und mir nicht dreinredest!" „Ich möchte nicht, daß du meine Post liest, ohne daß du mich fragst!" „Wir haben ausgemacht, daß ich die Kinder ins Bett bringe. Misch dich darum jetzt nicht ein!" Da, wo der andere meine Grenzen zu verletzten droht, ist es angemessen, ihm diese machtvoll deutlich zu machen. Dadurch wird eine Beziehung nicht beschädigt, im Gegenteil. Sind die Grenzen geklärt, kann es auch wieder neue Begegnung geben.

Die dritte Form, die Ausübung von *„Ermöglichungsmacht"*, dient dazu, dem anderen Spielraum zu eröffnen. „Auf, laß dich nicht hängen, pack deine Sachen, wir gehen am Wochenende in die Berge!" Wenn ich mich so dem Partner zumute, übe ich natürlich Macht auf ihn aus! Aber es kann sein, daß dieser das braucht, sonst würde er vielleicht in Lethargie und Trägheit versinken. Durch meine „Machtausübung" läßt er sich da herausholen, und das tut ihm gut. Freilich empfiehlt sich, dabei achtsam zu sein und den anderen nicht zu überfahren. Aber wenn wir uns dieser Gefahr bewußt sind, kann es in einer Beziehung sehr hilfreich sein, den anderen in der beschriebenen Weise machtvoll „anzugehen". Dadurch helfen wir einander, individuelle Grenzen zu überschreiten, Neuland zu betreten und gute Erfahrungen zu machen, denen wir sonst ausweichen würden. Partner sind dazu da, einander in dieser Weise herauszufordern, und das ist wohl die konstruktivste Art, in Beziehungen Macht auszuüben.

Unter dem Aspekt von Macht kann man sich eine gut funktionierende Beziehung vorstellen wie zwei Menschen auf einer Wippe. Wippen macht Freude, wenn mal der eine oben ist und mal der andere, und die Wippe so in einer ständigen Auf- und Ab-Bewegung bleibt. Kurzfristiges Gerangel zwischendurch um „oben" oder „unten", um

Tempo und Gewicht-Verteilung schadet keineswegs, sondern erhöht den Spaß. Nur darf die Wippe nicht in einer Schieflage auf Dauer zum Stehen kommen, sonst ist es mit dem Spaß bald vorbei.

Regeln für den Umgang mit Macht in der Paarbeziehung

1. Sei dir bewußt, daß es in Beziehungen unvermeidbar ist, Macht aufeinander auszuüben. Die Frage ist allerdings, wie das geschieht.

2. Lerne dich durchzusetzen, und lerne dich anzuschließen. Kannst du nur eines von beiden, förderst du Machtmißbrauch in der Beziehung.

3. Wenn du dich durchsetzen willst, tue dies offen. Versteckte Machtstrategien und Manipulationen vergiften eine Beziehung.

4. Gestehe dir das Recht zu, in der Beziehung deine Interessen zu vertreten, und gestehe dem Partner das Recht zu, in der Beziehung seine Interessen zu vertreten.

5. Versuche niemals, dadurch in die mächtigere Position zu kommen, daß du den anderen abwertest, klein machst, schlecht dastehen läßt. Denn der andere wird sich rächen.

6. Achte darauf, daß sich jeder in der Beziehung etwa zu 50 Prozent durchsetzt. Ansonsten entsteht ein einseitiges Machtgefälle, das sich destruktiv auswirkt.

7. Bundesgenossen gegen den Partner (Eltern, Kinder, Freundinnen) machen deine Position ihm gegenüber zwar mächtiger, untergraben aber die Beziehung.

8. Dem Partner Zugang zu Ressourcen (Geld, Beziehungen, Informationen ...) zu verwehren, macht dich ebenfalls mächtiger ihm gegenüber, ist aber ebenfalls destruktiv. Gleichen Zugang zu Ressourcen ermöglichen, heißt Macht teilen und die Beziehung fördern.

9. Wenn du „Macht von oben" einsetzt (autoritäre Macht), riskierst du, durch „Macht von unten" (Ohnmacht, Passivität, Manipulation ...) schachmatt gesetzt zu werden.

10. Wenn du dich so durchsetzt, daß nur du gewinnst, der andere aber verliert, schadest du der Beziehung (Gewinner-Verlierer-Lösung): Jeder von beiden muß mindestens soviel gewinnen, daß er ein Stück Verlust verkraften kann (Kompromißlösung). Am besten ist es, mit dem anderen eine so kreative Lösung zu finden, daß ihr beide das Gefühl habt, ohne Verlust gewonnen zu haben (Gewinner-Gewinner-Lösung).

🕮 Zum Weiterlesen:
Betty Carter/Joan K. Peters: Macht und Liebe. Wege aus der Ehekrise. iskopress, Salzhausen 1997.

Der Aggression die richtige Richtung geben

Auf den ersten Blick gibt es keinen größeren Gegensatz als den zwischen Liebe und Aggression. Liebe vereint, Aggression reißt sich los oder weist zurück, Liebe akzeptiert, Aggression lehnt ab, Liebe baut auf, Aggression zerstört ... So könnte man die Liste der Gegensätzlichkeiten noch endlos weiterführen. Dennoch stelle ich die gewagte These auf: Die Partnerliebe braucht – immer wieder – auch einen guten Schuß Aggression, damit sie lebendig bleiben kann, ja sogar: damit sie nicht zum Scheitern verurteilt ist. Freilich bedarf diese Aussage der genaueren Erklärung und Unterscheidung.

Aggression dient im menschlichen Leben zwei recht unterschiedlichen Zielen. Manchmal werden wir aggressiv, weil wir etwas durchsetzen wollen: „Mach endlich fertig, wir sind schon zu spät dran!" Und manchmal setzen wir Aggression ein, um uns abzugrenzen: „Misch dich nicht in meine Angelegenheiten!" Im ersten Fall greift der Sprecher sozusagen an, im zweiten Fall verteidigt er sein Terrain. In beidem steckt aggressive Energie, nur ist ihre „Richtung" unterschiedlich. Deshalb spreche ich einmal von *Durchsetzungs-Aggression*, das andere Mal von *Abgrenzungs-Aggression.* Beide Formen von Aggression kommen häufig vor, und wir brauchen beide, sonst kämen wir im Leben nicht zurecht. Allerdings kann die Ausübung der einen wie der anderen Form recht unterschiedlich sein, und daran entscheidet sich, ob Aggression mit der Liebe in Einklang steht, ja sogar für sie nötig ist, oder ob sie sich zerstörerisch auswirkt. Durchsetzungs- wie Abgrenzungsaggression können destruktiv oder konstruktiv sein, und woran sich das entscheidet, darüber wollen wir uns hier Gedanken machen.

Durchsetzung

Sich durchsetzen zu wollen und dazu aggressive Energie zu mobilisieren, ist lebensnotwendig. Der erste Schrei, den ein Baby von sich gibt, wenn es auf die Welt kommt, ist offensichtlich ein solcher Schrei der Aggression. Ausgestoßen aus dem Mutterschoß, fühlt es sich unbehaglich in der kalten Welt. Darum schreit es ärgerlich – und macht damit unüberhörbar auf sich aufmerksam: „Hier bin ich, jetzt kümmert euch gefälligst um mich!" Daran wird der wohl ursprünglichste Zweck von Aggression deutlich: auf sich aufmerksam, sich deutlich zu machen. Aggression macht mich als Person mit meinen Wünschen und existentiellen Lebensbedürfnissen für die Mitmenschen deutlich, ein-drücklich im wahrsten Sinn des Wortes. Sie können mich dann nicht mehr einfach übersehen. Damit aber – und hier gibt es schon die unmittelbare Verbindung zur Liebe – stellt Aggression überhaupt erst Kontakt her! Durch Aggression komme ich aus mir heraus, „äußere" ich mich und berühre so den anderen. Das ist übrigens der ursprüngliche Sinn des Wortes „Aggression": Es leitet sich her vom lateinischen Zeitwort *adgredi*, das soviel heißt wie „auf jemanden oder etwas zugehen".

So gesehen ist Aggression mindestens eine Voraussetzung jeder Liebe. Man kann das ganz konkret beobachten: Menschen, die nicht aus sich heraus und auf andere zugehen können, die sich nicht als Person anderen deutlich machen, die sind zwar oft nützlich für andere, aber werden sie geliebt? Sie werden ausgenützt, man ge-braucht und mißbraucht sie, aber dann wirft man sie weg. Vor allem viele Frauen können davon ein Lied singen, wie sie sich jahrelang bemüht haben, sich selbst hinter Mann und Kindern zurückzustellen, so daß sie als eigene Person regelrecht verschwanden – und was kam dabei heraus? Zum Beispiel, daß der Mann plötzlich eine andere hatte, die er viel mehr lieben konnte und von der er sich viel stärker geliebt fühlte ...

Mit der Durchsetzungs-Aggression mache ich meinen Wert als Person deutlich, unüberhör- und unübersehbar. Und das ist in einer Paarbeziehung immer wieder nötig. Denn das Alltagsgetriebe bringt es mit sich, daß wir uns in unserer unverwechselbaren und einzigartigen Würde aus den Augen verlieren, daß wir einander zu benützen und in unserem Wert zu mißachten beginnen. Hier kann eine kräftige Aggression die richtigen Verhältnisse wieder herstellen: „Wir haben vereinbart, daß du keine Abendtermine ausmachst, ohne sie vorher mit mir abzusprechen. Du hast mich letzte Woche nicht informiert, und jetzt wieder nicht. Das macht mich wütend, und ich verlange von dir, daß du damit aufhörst!" – so und mit vielen ähnlichen Variationen kann Durchsetzungs-Aggression aussehen, die der

Liebe nicht schadet, sondern sie im Gegenteil verteidigt, schützt oder wieder herstellt.

Abgrenzung

Ganz ähnlich ist es bei der Abgrenzungsaggression. Mit ihr wollen wir beim anderen nichts durchsetzen, aber sie brauchen wir, um unsere Grenzen zu schützen. „Ich verbitte mir, daß du die Post liest, die an mich adressiert ist". Die Post des anderen ohne dessen generelle oder fallweise Genehmigung zu lesen, ist ein Beispiel solcher Grenzverletzung. Sie gilt es abzuwehren. Sie schadet der Liebe. Denn zur Liebe gehört bei aller Intimität auch, daß der andere ein Stück Geheimnis bleibt, das ich respektiere. Die Abgrenzungs-Aggression schützt dieses Geheimnis. Freilich: Zur Liebe gehört auch Vertrautheit und daß man sich sehr gut kennt. Darum kann es leicht geschehen, daß man die nötige Distanz vernachlässigt. Man beginnt den anderen zu behandeln wie einen täglichen Gebrauchsgegenstand. Dagegen muß man mit Abgrenzungs-Aggression einschreiten.

Das Problem dabei: Es ist recht unterschiedlich, wo der eine und wo der andere seine Grenzen verletzt fühlt. In der Familie von Martin zum Beispiel sprang man nackig im Bad herum, ohne daß jemand etwas dabei fand. In der Familie von Ruth dagegen war das Bad Tabu-Zone. Die Frau fühlt ihre Grenze verletzt, wenn Martin nun einfach reinplatzt. Und so ähnlich kann es in vielen anderen Lebensbereichen sein. Man kann nicht „objektiv" feststellen, wo die Grenzen des anderen sind. Man muß sich das deutlich machen – und dazu dient eben die Abgrenzungs-Aggression. Natürlich kann man seine Grenzen auch ausweiten, und dazu kann und soll die Liebe den Partnern helfen. Aber das ändert nichts am Prinzip: Da, wo ich meine Grenzen empfinde, muß ich sie dem andern gegenüber unmißverständlich verteidigen, sonst werde ich mich in der Beziehung bald wie ein Wegwerf-Artikel fühlen – und den Partner dafür zu hassen beginnen.

Destruktive Aggression

Gegen meine bisherigen Ausführungen werden allerdings die Leser-/innen zahlreiche Beispiele ins Feld führen können, bei denen Aggression keineswegs konstruktiv für die Liebe war, sondern eher Schaden angerichtet hat. Woran liegt das?

Einseitige Verteilung – Paare beginnen häufig dann an ihrer Beziehung zu leiden, wenn bestimmte Verhaltensweisen sich nur auf den einen, bestimmte andere nur auf den anderen verteilen. In unserem Fall: Adelheid ist immer diejenige, die etwas bei Konrad durchsetzen will: „Mach dies, mach jenes" oder „Tu dies nicht oder jenes nicht". Und Konrad ist immer derjenige, der sich sträubt, sich ausklinkt, abgrenzt. Selber stellt er aber nie eine Forderung. Bei Adelheid finden wir also nur Durchsetzungs-Aggression, bei Konrad nur Abgrenzungs-Aggression. Wenn das immer wieder so läuft, erstarrt die Beziehung. Er wird quasi zur Festung, gegen deren Mauern sie ständig Sturm läuft. Und je mehr sie angreift, desto stärker muß er seine Mauern machen, und je stärker die Mauern werden, desto mehr muß sie angreifen, um vielleicht doch etwas durchzusetzen. Das ergibt eine Wechselwirkung, welche die Aggressvität tatsächlich ins Zerstörerische steigert. Es geht dann gar nicht mehr um die Sache, sondern nur noch darum, wer der Stärkere ist. Außenstehende erleben freilich oft allein den „Angreifer" als den Destruktiven und sagen dann: „Mein Gott, die Frau! Ständig macht sie an dem armen Mann rum!" Aber Vorsicht! Die Aggression der Frau wirkt nur deshalb so übersteigert, weil hinter dem ständigen Abblocken des Mannes mindestens genau so viel aggressive Energie steckt und sich beides gegenseitig hochschaukelt. Diese Dynamik ist oft sehr versteckt. Derjenige, der sich in der Beziehung nie durchsetzen will, erscheint ja ungeheuer genügsam. Aber ist es nicht gerade diese Genügsamkeit, die den andern zur Verzweiflung bringt und auf die Dauer unverhältnismäßig aggressiv macht?

So bleibt festzuhalten: Wenn sich – zuweilen sehr versteckt – Durchsetzungs- und Abgrenzungs-Aggression unflexibel und einseitig auf die Partner aufteilen, wird Aggression meist destruktiv. Man kann sich also im Blick auf die eigene Beziehung fragen: Verteilt sich bei uns Durchsetzung und Abgrenzung so auf beide Partner, daß die Rollen des „Angreifers" und des „Verteidigers" immer wieder wechseln können? Dann sind die Chancen besser, daß die Aggression der Beziehung zugute kommt. Freilich ist damit noch keine Garantie gegeben. Es liegt nämlich auch noch an anderen Dingen.

Abwertung des anderen – „Du bist ein rücksichtsloser Grobian!" – Diese Abgrenzungs-Aggression wird wahrscheinlich nicht sehr gut ankommen. Warum? Wenn ich mich so oder ähnlich äußere, rede ich vom anderen, nicht von mir. Ich mache nicht mich und mein Empfinden, nicht meine Bedürfnisse deutlich, sondern mache mich zum Sprachrohr einer moralischen Instanz, die den anderen als minderwertig verurteilt. Hier liegt der entscheidende Punkt. Aggression wirkt deshalb oft so zerstörerisch in Beziehungen, weil sie feindselig eingesetzt wird: nicht für mich, sondern gegen den anderen, und zwar so, daß der andere schlecht dasteht und als moralisch, psychologisch, geistig usw. minderwertig erscheint. Ich stoße den anderen in eine „untere" Position" und stelle mich über ihn. Das provoziert ihn natürlich, den Spieß umzudrehen und mit denselben Waffen zurückzuschlagen: „Du bist doch aber auch eine Mimose!" Grobian und Mimose: Weil das keiner auf sich sitzen lassen will, beginnt sich nun jene unselige Spirale zu drehen, die wir alle fürchten, weil es aus ihr kein Entrinnen zu geben scheint. Möglicherweise würde es besser gehen mit: „Du tust mir weh, hör auf damit!" Auch das ist eine – je nach Intensität – durchaus heftige Aggression. Aber hier wird der andere nicht bewertet und abgewertet. Vielmehr bleibt, wer sich so abgrenzt, ganz bei sich, macht seine Grenzen deutlich und sorgt dafür, daß der andere sie wahrt. Die Chance, daß er dann nicht mit einer Gegen-Aggression reagiert, sondern mit einer Entschuldigung („Oh, das war mir nicht bewußt, entschuldige!"), und damit die Intimität wiederhergestellt oder sogar vertieft wird, ist groß.

Indirekt und verpackt – „Könntest du dich vielleicht bequemen, die Tür wenigstens dies eine Mal hinter dir zuzumachen?!" Solche ironischen oder zynischen Verpackungen machen die Aggression – hier am Beispiel einer Durchsetzungs-Aggression erläutert – ebenfalls destruktiv. Hier wird die Abwertung des anderen zwar nicht direkt ausgesprochen, aber „von hinten durch die Brust ins Auge" – also besonders heimtückisch. Und so etwas sitzt, bewirkt aber nichts Gutes. Gerade das Indirekte, nicht offen Greifbare dieses Angriffs veranlaßt den anderen fast mit Notwendigkeit, sich seiner Haut zu wehren und unter Umständen „extra" die Tür offen zu lassen. Besser wäre: „Mach die Tür zu! Mich stört die laute Musik!" So mache wiederum ich mich deutlich und konfrontiere ohne Abwertung den anderen mit dem, was ich von ihm brauche. Er muß sich nicht verteidigen, weil er keinen Gesichtsverlust erleidet, darum ist die Chance viel größer, daß ich damit auch erreiche, was ich will – und die Störung für die Liebe ist damit beseitigt.

Es liegt nicht an der Aggression, wenn in Auseinandersetzungen die Liebe zerstört wird, sondern an den Abwertungen und Indirektheiten, mit denen sie ausgedrückt wird. Bleibt zum Schluß noch die Frage: Warum bedienen wir uns so oft dieser „Waffen", wo doch klar geworden ist, daß es ohne sie nicht nur für die Beziehung besser, sondern auch für das, was ich erreichen will, effektiver ist? Meine ich vielleicht, mich nur dann durchsetzen zu können, wenn ich den anderen klein mache? Destruktive Aggression ist in Beziehungen immer auf einen Mangel an eigenem Selbstwertgefühl zurückzuführen. Wenn ich etwas von mir halte, brauche ich den andern nicht klein machen, um mich stark zu fühlen, und dann wird Aggression nicht destruktiv, sondern bringt sogar oft den nötigen Sauerstoff in die Beziehung, an dem die Liebe sich neu entzünden kann.

Regeln für den Umgang mit Aggressionen in der Paarbeziehung

Aus dem Gesagten lassen sich drei grundlegende Regeln für den konstruktiven Umgang mit Aggression in Liebes-Beziehungen ableiten:

1. Achte darauf, daß sich die Positionen des „Angreifers" (Durchsetzungs-Aggression) und des „Verteidigers" (Abgrenzungs-Aggression) nicht ausschließlich auf den einen und den anderen Partner verteilen. Durchsetzung und Abgrenzung sollen zu etwa gleichen Teilen auf beide Partner verteilt sein.

2. Wenn du auf deinen Partner aggressiv bist: Werte ihn niemals ab! Bleib vielmehr bei dir und deinen Bedürfnissen. Abwertungen deinerseits führen fast unausweichlich nicht zu dem, was du erreichen möchtest, sondern zu ebenfalls abwertender Gegen-Aggression.

3. Sei in deiner Aggression direkt und klar! Verpacke die Aggression nicht in Ironie, Zynismus oder falscher Freundlichkeit. Das vergiftet nur die Atmosphäre, täuscht den anderen und begünstigt destruktive Eskalationen.

Kraftvoll und klar deine Bedürfnisse in Beziehungen zu vertreten und deine Grenzen zu ziehen, ist notwendig und konstruktiv für die Liebe!

🕮 Zum Weiterlesen:

Peter Schellenbaum: Das Nein in der Liebe. Abgrenzung und Hingabe in der erotischen Beziehung. dtv, München 1993.

Du mußt mich schon so nehmen, wie ich bin!

Veränderungswünsche an den Partner

Szene aus einer Beratungsstunde:

Brigitte (zum Berater – klagend): Ich leide so darunter, daß er nicht spricht. Er kommt vom Geschäft nach Hause, schlingt das Essen in sich hinein und verschwindet dann im Hobby-Keller oder zu seinem PC. Ich erfahre so gut wie nichts von ihm!

Gregor (ebenfalls an den Berater gerichtet): Wenn ich heimkomme, bin ich total ausgelaugt. Ich möchte nichts mehr hören und sehen. Ich kann das einfach nicht, mich hinsetzen und Händchen halten! Ich brauch dann die Zeit für mich!

Die Beziehungswünsche der Frauen und die ablehnende Haltung der Männer: ein ständiges, fast gebetsmühlenartig wiederkehrendes Thema in heutigen Paarbeziehungen! Die Haltung Gregors dazu lautet, mit anderen Worten ausgedrückt: Ich kann das nicht verändern. Du mußt mich halt so nehmen wie ich bin! Der Wunsch nach Veränderung auf der einen Seite, oft vorgetragen mit dem leisen oder auch lauteren Unterton des Vorwurfs („So wie du bist, ist es nicht in Ordnung!"), und die Ablehnung des Wunsches im Namen der Realität („Ich bin eben so, wie ich bin!"): Das ist die schreckliche Patt-Situation, in die sich viele Paare hineinmanövriert haben. Entweder flammt dann an den heiklen Punkten immer wieder der gleiche Streit auf, oder aber (häufiger!) beide werden stumm und resignieren, ohne freilich die Vorwurfshaltung auf der einen und die Widerstandshaltung auf der anderen Seite aufgegeben zu haben, was dicke Luft auch dann verursacht, wenn kein Wort (mehr) gesprochen wird.

Wie sieht der „richtige" Umgang mit Veränderungswünschen aus? Das ist gar nicht so leicht zu sagen. Einfache Regeln lassen sich hier kaum aufstellen. Darum wähle ich den Weg, einige Fragen zu stellen, Fragen an Brigitte, die Veränderung wünscht, und Fragen an Gregor, der der Veränderung widersteht. Jede Leserin, jeder Leser wird diese

Fragen für sich unterschiedlich beantworten – und daraus wären dann auch unterschiedliche Antworten abzuleiten, wie in dieser oder jener Beziehung besser mit Veränderungwünschen umgegangen werden könnte. Zuerst also die Fragen an Gregor:

Fragen an den Ablehnenden

1. Wenn du den Wunsch Brigittes so strikt ablehnst, klingt darin etwas wie Empörung mit. Warum bist du so empört? Hast du vielleicht die Idee, wenn sie dich wirklich lieben würde, könnte sie an dir nicht etwas anders haben wollen? Liebe total, mit allem Drum und Dran, mit Haut und Haar: eine wunderschöne Vorstellung. Aber nicht vielleicht eine etwas kindliche? Kleine Kinder haben mit Recht den Anspruch an ihre Mütter, rundum und total geliebt zu sein. Liebe unter Erwachsenen jedoch rechnet immer damit, daß ich dem andern in wichtigen Punkten nicht gerecht werde – und mich darum (auch) anstrengen muß, für den anderen das zu werden, was er braucht.

2. „Ich kann das nicht, mich dann hinsetzen und Händchen halten ..." In diesem Satz klingt ein schräger Ton. Ist darin nicht eine gehörige Portion Abwertung? Den Wunsch deiner Frau karrikierst du als „Händchen halten!" Warum bloß? Es kann ja sein, daß du ihr gerade diesen Wunsch nicht erfüllen willst oder auch kannst. Aber warum mußt du ihn dann abwerten? Wenn du ihr Bedürfnis als berechtigt, verständlich, einfühlbar anerkennen würdest, würde sich die Situation wahrscheinlich schon sehr entspannen, selbst wenn du die Erfüllung aus irgendeinem Grund dann ablehnen würdest! Meist passiert *hier* die entscheidende Verletzung, und nicht beim eigentlichen Nein! Mußt du vielleicht das Bedürfnis deiner Frau heruntermachen, um nachher ablehnen „zu dürfen"?

3. Aus deinen Worten klingt Trotz. Wenn ich etwas übertreibe, sagst du: Extra nicht, weil du es willst! Wer trotzig reagiert, muß sich vor etwas schützen. Was ist das? Könnte es sein, daß du es als Niederlage erleben würdest, wenn du auf ihren Wunsch eingingst? Dann hättest du ihr dein Verhalten ja als fehlerhaft eingestanden. Darfst du keine Fehler machen? Warum eigentlich nicht? Fühlst du dich dann ihr unterlegen? Dieser Frage wäre nachzugehen: Hast du mit „Fehler machen" in deiner Geschichte so leidvolle Erfahrungen gemacht, daß du ja nicht bei einem ertappt werden darfst? – Oder reagierst du

so gereizt, weil sie „schon wieder etwas will“ und du dich selbst in der Beziehung (vielleicht beim Sex?) zu kurz gekommen fühlst? Dann wäre das zum Thema zu machen, anstatt um den Hobbykeller oder den PC zu streiten. Es ginge dann um die sehr grundsätzliche und wichtige Frage: Sind eure „Konten“ von Geben und Nehmen ausgeglichen, oder kommt einer zu kurz in der Beziehung?

4. Oder steckt hinter deiner gereizten Reaktion das Gefühl, daß Brigitte hier einen deiner „schwachen Punkte“ trifft, daß sie etwas anspricht, was du eigentlich gerne auch können würdest, nämlich in Kontakt sein, dich öffnen, etwas von deinem Inneren zeigen, was du aber aus irgendwelchen Gründen nicht schaffst? Spricht sie also einen tatäschlichen Entwicklungsbedarf bei dir an? Wie wär's also, statt dich zu wehren, ihren Wunsch als eine Herausforderung zu eigener Entwicklung zu nehmen? Vielleicht könnte das der Anstoß für dich sein, in eine Selbsterfahrungs- oder Männer-Gruppe zu gehen, um dort zu lernen, mehr aus dir herauszugehen?

Fragen an den Wünschenden

Vielleicht denkt Brigitte jetzt: Na, mit diesen Fragen hat er ihm ja ganz schön zugesetzt. Aber, liebe Brigitte, freu dich nicht zu früh, denn jetzt kommst du dran!

1. Augenscheinlich fühlt sich Gregor durch deine Klage angegriffen. Das gibt mir Anlaß, zu fragen: Zielst du mit deinem Veränderungswunsch tatsächlich nur auf ein konkretes Verhalten von Gregor, das man so ohne weiteres verändern kann, indem man eben etwas anders macht (zu reden, statt zu schweigen, zu bleiben, statt im Keller zu verschwinden), oder erstreckt sich dein Wunsch auf viel tiefer greifende, die Person Gregors betreffende Veränderungen? Vielleicht soll er nicht nur „reden“, sondern darin seine Gefühle ausdrücken, nicht nur nicht im Keller verschwinden, sondern echte Nähe herstellen, nicht nur „da bleiben“, sondern wirklichen Kontakt zu dir herstellen. Das sind natürlich alles auch sehr verständliche Wünsche, aber du mußt dir bewußt sein: Per Entschluß des anderen läßt sich so etwas nicht, und vor allem nicht von heute auf morgen ändern. Ist es so, wie ich in meiner Frage nahelege, dann verlangst du von ihm nichts Geringeres als eine intensive Auseinandersetzung mit sich, seiner Person und seiner Geschichte, die, auch

wenn er dazu bereit ist, von ihm wie von dir sehr viel Geduld erfordern wird.

2. Ich bohre noch ein wenig weiter: Könnte es sein, daß sich in deinem Wunsch nicht nur eine ganz spezifische, sondern eine grundsätzliche Unzufriedenheit mit Gregor als Beziehungspartner äußert? Reagiert er vielleicht deshalb so sauer, weil er in deinem Wunsch nach Veränderung die Forderung spürt: Ich sollte überhaupt ein anderer sein, ich genüge ihr grundsätzlich nicht? Damit würdest du ihn tatsächlich überfordern. Denn er kann sich zwar verändern, wenn er dazu willens ist, aber er kann nicht aus seiner Haut heraus. In diesem Sinn mußt du ihn tatsächlich nehmen, wie er ist, nämlich als den, der er ist, der zwar etwas an sich verändern, aber sein Selbst nicht umkrempeln kann.

3. Wenn du bemerkst, daß etwas davon in deinem Veränderungswunsch mitschwingt, dann wäre es wichtig zu fragen: Möchte ich vielleicht in meinem Partner meine Ideal-Ergänzung sehen? Die Verliebtheit am Anfang einer Beziehung ist oft deshalb so heftig, weil wir auf den Partner unser Ich-Ideal projizieren: Er scheint uns alles das zu verkörpern, was wir für unsere Efüllung brauchen. Wir sehen also oft nicht wirklich ihn, sondern ihn nur insofern, als er auf unsere Wünsche „paßt". Bis zu einem gewissen Grad muß er natürlich „passen", aber er hat immer auch noch andere Seiten, die „nicht passen", und mit denen bist du, Brigitte, möglicherweise jetzt konfrontiert. Die Chance bestünde darin, den anderen nun wirklich als anderen sehen zu lernen, und nicht nur als die Ideal-Ergänzung des eigenen Ich. Liebe besteht ja nicht darin, im anderen das eigene Ich verklärt zu sehen, sondern darin, sich über die Grenzen des eigenen Ich hinaus auf den Weg zum anderen zu machen.

4. Keine Frage: Dein Veränderungswunsch, wenn du damit nicht einen anderen Gregor haben willst und wenn du ihm geduldig Zeit läßt, ist verständlich und nachvollziehbar. Dennoch bleibt eine letzte Frage: Warum, bitte, hast du ausgerechnet ihn als Partner gewählt? Wahrscheinlich hat dich niemand gezwungen, ihn zu heiraten. Wenn dir Kontakt, Kommunikation, Gespräch, Austausch der Gefühle so wichtig sind, warum hast du einen gewählt, der sich damit so schwer tut? War das wirklich nur Täuschung? Oder hast du es nicht schon gewußt damals? Ich gehe davon aus, daß es weder Zufall noch Täuschung war.Welchen Sinn könnte eine solche Wahl haben? Wiederholst du darin etwa ein Muster aus deiner Herkunftsfamilie? Als Beispiel (eines unter mehreren möglichen): War vielleicht dein

Vater genau so verschlossen, sehntest du dich genau so nach seiner Zuwendung – und versuchst jetzt an Gregor den verschlossenen Vater „zu knacken"? Oder geht es vielleicht darum, daß du an der Schwierigkeit Gregors, sich zu äußern, selber eigenständiger, unabhängiger wirst, mehr in dir selber zu ruhen lernst und nicht so angewiesen bist auf das, was er tut oder läßt? Wenn Gregor nicht imstande ist, alle deine Wünsche, vor allem nicht die Wünsche nach totaler Verschmelzung zu erfüllen, wäre das nicht gerade auch eine Chance, in der Liebe erwachsener zu werden?

Damit ein guter Umgang mit Veränderungswünschen gelingt, kann es sehr nützlich sein, sich selbst als Wünschenden oder als Ablehnenden mit solchen Fragen zu konfrontieren. Denn dann richte ich den Blick als erstes auf mich und schiebe es nicht auf den anderen. Damit entschärfe ich bereits die Konflikt-Situation erheblich. Es kann durchaus sein, daß ich dann trotzdem noch bei meinem Wunsch bleibe oder bleiben muß, und es kann sein, daß ich dann trotzdem noch ablehne oder ablehnen muß. Aber die Chance ist groß, daß dann das Wünschen sowohl wie das Ablehnen anders ausfallen wird, nämlich liebevoller, mehr auf den anderen bezogen und einfühlender. Das aber wiederum wird die Wahrscheinlichkeit erheblich erhöhen, daß einerseits Veränderungswünsche häufiger erfüllt werden und andererseits ein Nein verkraftbar bleibt und der Liebe nicht nachhaltig schadet.

Empfehlungen für den konstruktiven Umgang mit Veränderungswünschen

1. Wenn ich mir Veränderung vom andern wünsche, werde ich nur Erfolg haben, wenn er fühlt, daß ich ihn in seiner Person grundlegend akzeptiere, achte und wertschätze.

2. Umgekehrt: Damit Veränderungswünsche des Partners an mich nicht von vornherein aussichtslos sind, ist auf meiner Seite erforderlich:
- zu akzeptieren, daß im Zusammenleben Anpassung an die Eigenarten und Wünsche des anderen notwendig ist;
- bereit zu sein, diese Anpassungsleistung an den anderen zu erbringen.

3. Bevor ich Veränderung vom anderen wünsche, ist die selbstkritische Frage am Platz: Schiebe ich ihm mit meinem Veränderungswunsch Verantwortung für etwas zu, für das ich selber Verantwortung übernehmen müßte?

4. Änderungen im Verhalten sind in der Regel nicht einfach zu bewerkstelligen, denn dieses Verhalten ist durch Eigenart, Erziehung, Gewohnheit oft fest in unserer Persönlichkeit verankert. Veränderungswünsche sollten darum bei beiden Partnern von viel Geduld und Verständnis begleitet sein.

5. Es ist hilfreich, wenn der, von dem der Partner Veränderung wünscht, diesen Wunsch in seiner Berechtigung anerkennt, selbst dann, wenn er ihn nicht erfüllen kann oder will. Wenn ich den Wunsch des anderen selbst abwerte, verletze ich ihn in seiner Person – selbst wenn ich bereit sein sollte, den Wunsch dem Inhalt nach zu erfüllen.

🕮 Zum Weiterlesen:
Gabriele Kreppold-Gröger/Josef Kreppold: Der Weg zu zweit. Als Paar zueinander finden, ohne sich selbst aufzugeben. Herder, Freiburg 1998.

Wenn wir einander verletzen

Obwohl er am Anfang ihre große Leidenschaft war, hat Susanne nun schon seit langem keine Lust mehr, mit Ernst zu schlafen. Beide leiden darunter und sind ratlos. Auch der Ehetherapeut, den sie aufsuchen, steht lange Zeit vor einem Rätsel. Eines Tages aber bricht es aus Susanne heraus: „Damals als ich mit unserem Moritz gerade aus der Klinik zu Hause war, nach dieser schweren Geburt, da wolltest du unbedingt mit mir schlafen. Obwohl ich nicht wollte, obwohl es mir weh tat! Du hattest Null Verständnis für meine Situation! Seit damals geht bei mir nichts mehr!" Darüber haben die beiden nie gesprochen. Susanne hat ein paar Anläufe gemacht, ist damit bei Ernst nicht angekommen und ist dann verstummt. Sie wollte darüber wegkommen, es vergessen, aber ihr Körper blieb weiterhin im Streik. So ist es oft bei Paaren. Der eine tut etwas, das den anderen sehr verletzt. Sie schaffen es nicht, darüber zu reden, aber die Verletzung wirkt weiter und zerstört die Liebe. Es ist so schwer, auf eine gute Weise mit Verletzungen umzugehen. Darum möchte ich hier ein paar Überlegungen anstellen, wie es auch anders gehen könnte.

Verletzungen sind unvermeidbar

Zunächst einmal: Verletzungen sind unvermeidbar. Natürlich sollen wir achtsam miteinander umgehen. Aber auf die Länge einer Beziehung gesehen läßt es sich nicht vermeiden, daß wir dann und wann die wunden Punkte des Partners treffen. Das gilt in der intimen Partnerschaft zwischen Mann und Frau noch mehr als in jeder anderen Beziehung. Denn hier läßt sich die glatt polierte Oberfläche, die wir sonst nach außen zeigen, nicht aufrechterhalten. Da zeigen wir uns unvermeidlich, wie wir wirklich sind, auch mit allen unseren Schattenseiten. Unsere Verschiedenheiten stoßen aneinander, es gibt Mißverständnisse, schlechte Gewohnheiten kommen zum Tragen und schließlich auch charakterliche Mängel. Mit all dem machen wir uns das Leben schwer, auch wenn wir bemüht sind umeinander. Außerdem stehen gerade heutige Partner, die ihre Beziehung als eine ebenbürtige leben wollen, vor einer schweren Aufgabe. Sie müssen immer wieder aufs neue einen Ausgleich suchen zwischen den Bedürfnissen des Ich und den Bedürfnissen des Wir. Was brauche ich als Individuum, und wieviel will ich in die Beziehung investieren? Wo muß ich nachgeben, wo mich durchsetzen? Da prallen die verschiedenen Vorstellungen und Bedürfnisse oft hart aufeinander, und dann geht es nicht immer ohne Blessuren ab. Bei allem Bemühen ist es also unvermeidlich, daß wir einander verletzen und so aneinander schuldig werden – gerade an den Menschen, die wir am meisten lieben, das ist unser Schicksal, dem wir nicht entkommen.

Nicht unter den Teppich kehren

Solche Verletzungen hinterlassen allerdings Spuren in unseren Herzen und in unseren Seelen. Vielleicht sind es nicht immer so schlimme wie in unserem Beispiel, aber auch von kleinen Stichen, kleinen Abwertungen, kleinen Enttäuschungen bleibt etwas zurück. Verletzungen, die nicht ausgeräumt werden, schwächen die Liebe oder töten sie gar.

Aber sollten wir nicht großzügiger sein? Sollten wir uns über manches nicht einfach hinwegsetzen, manches einfach vergessen? Dieser Appell an diese Großmut ist gefährlich! Die meisten Menschen übernehmen sich mit derart hehren Vorsätzen. Sicher, vieles vergessen wir, über manche Kleinigkeit können wir auch zurecht hinwegsehen. Aber meist ist der Versuch, zu vergessen oder großmütig zu „verzeihen", nur eine Form der Verdrängung. Ohne daß wir es wollen, bleibt dennoch ein dumpfer Groll in der Seele zurück, und jede weitere auf diese Weise „vergessene" Verletzung hinterläßt ein weiteres Stück Groll in uns und entfremdet uns dem Partner langsam, aber sicher. Nach außen hin mag dann noch alles in Ordnung scheinen, aber in den Herzen ist die Liebe tot. Gerade wenn es mit der Sexualität nicht mehr klappt, kann das ein Zeichen dafür sein, daß einer von beiden oder beide zu viele gegenseitige Verletzungen auf diese Weise zu schlucken versucht haben, anstatt diese aufzugreifen und miteinander offen anzugehen. Daß das so selten geschieht, ist meist nicht böser Wille, sondern Hilflosigkeit. Darum im folgenden ein paar Vorschläge dazu.

Versöhnung zustande bringen

Es ist hilfreich, wenn Partner sich zur Grundregel gemacht haben, die Dinge *nicht zu verschleppen*, sondern, wenn eine Verletzung passiert ist, möglichst bald etwas zur Versöhnung zu tun, möglichst noch am selben Tag. Sicher wird das nicht immer möglich sein, aber wir sollten uns bewußt bleiben: Je länger wir unerledigte Verletzungen mit uns tragen, desto schwieriger wird es, sich mit ihnen fruchtbar auseinanderzusetzen.

Wie bringt man nun eine Versöhnung zustande? Das erste und grundlegende ist, daß derjenige, der den anderen verletzt hat, diese Tatsache auch *anerkennt*. Eine Aussöhnung scheitert sehr oft schon an diesem ersten Schritt, weil die Partner darüber zu streiten beginnen: „Aber damit wollte ich dich doch gar nicht verletzen!" „Aber das habe ich ja gar nicht gemerkt!" oder: „So habe ich es doch nicht gemeint!" Damit mache ich die Verletzung nicht ungeschehen, ich streite meinem Partner nur sein Empfinden und seine Gefühle ab und füge der Verletzung noch eine weitere hinzu. Meine Absicht ist nicht wichtig, wichtig ist der Effekt, den mein Tun oder meine Unterlassung hatte. Wenn mein Partner sich dadurch verletzt gefühlt hat, habe ich ihn eben verletzt, ob ich das wollte oder nicht. Darum ist das erste Grundlegende, daß ich zum Partner so oder ähnlich sage: „Ja, ich sehe es, das war wirklich eine Verletzung!" Dazu braucht es ein Stück Demut. Ohne diese Demut läßt sich eine Verletzung nicht mehr aus der Welt schaffen.

Der zweite Schritt zur Versöhnung ist dann die *Bitte um Verzeihung*: „Es tut mir leid. Bitte, verzeih mir!" Auch eine solche Bitte geht manchen Menschen heutzutage sehr schwer über die Lippen. Sie bedeutet das Eingeständnis von Schuld und Versagen, und wir dokumentieren damit, daß wir auf den anderen angewiesen sind, damit es wieder gut werden kann. Eine solche Haltung widerspricht dem Zeitgeist. Aber in einer intimen Beziehung kommen wir ohne sie nicht zurecht, sie ist ein notwendiger Bestandteil echter Beziehungskultur. Wenn wir dem anderen etwas angetan haben, sind wir auf seine Vergebung angewiesen und müssen ihn darum bitten.

Wenn der Partner von uns die Anerkennung der Verletzung und die Bitte um Verzeihung erhalten hat, ist er oft sehr erleichtert und kann von innen heraus verzeihen. Manchmal aber braucht es noch einen dritten Schritt. Die bloßen Worte reichen nicht aus. Es muß noch eine „Tat" hinzukommen, ein Werk der *Wiedergutmachung*, damit der andere wirklich von Herzen verzeihen kann. Das kann z. B. folgendermaßen aussehen:

Er: „Ja, ich habe dich damit wirklich verletzt. Es tut mir leid, bitte verzeih mir. Und ich bin auch bereit, etwas zu tun, um das wiedergutzumachen. Gibt es etwas, womit ich dich versöhnen könnte?"

Sie (nach einigem Überlegen): „Ja, du könntest z. B. am kommenden Wochenende ganz allein die Kinder und den Haushalt übernehmen, und ich würde dann mit meiner Freundin den Ausflug machen, den ich schon lange mit ihr geplant habe!"

Er: „In Ordnung, abgemacht, mach ich!"

Das ist natürlich nur ein Beispiel. Man könnte es tausendfach variieren. Der Kern der Sache ist: Derjenige, der den anderen verletzt hat, sagt nicht nur etwas Versöhnendes, sondern er unterstreicht seine Worte mit der Bereitschaft und dem Angebot eines konkreten Tuns. Damit schafft er ein Gegengewicht gegen die Verletzung. So kommt es zu einem Ausgleich. Denn wenn einer den anderen verletzt, dann entsteht zwischen ihnen eine Art Gefälle, ein Gefälle zwischen „unschuldig" und „schuldig". Durch die wiedergutgemachte Tat wird dieses Gefälle wieder aufgehoben und die Ebenbürtigkeit der Partner hergestellt.

Die vorgeschlagene „Wiedergutmachung" wirkt natürlich nicht automatisch, sondern nur dann, wenn der Verletzte den grundsätzlichen Wunsch und die Bereitschaft zur Versöhnung hat. Außerdem läßt sich die versöhnende Tat mit der verletzenden niemals rein quantitativ verrechnen, auch wenn es natürlich angemessen ist, wenn sie den Verletzen „etwas kostet". So stellt er seinen Versöhnungswillen durch die Tat unter Beweis, und es bleibt nicht bei bloßen Worten. Dennoch hat diese versöhnende Tat immer einen symbolischen Charakter und bewirkt das, was angestrebt wird nur dann, wenn beide Partner für ihr Zusammenleben übereingekommen sind, daß sie ein solches Verfahren für ihre Beziehung zu Hilfe nehmen wollen, wenn sie es also bewußt als einen Bestandteil ihrer ganz individuellen „Beziehungs-Kultur" akzeptieren. Die Wirkung eines solchen „Versöhnungs-Rituals" hängt also von der Entscheidung der beiden Partner ab. Es ist eine kreative Möglichkeit, nicht mehr und nicht weniger.

Anerkennen, um Verzeihung bitten, wieder gut machen im Tun: Das sind die wesentlichen Schritte, die wir, wenn wir den anderen verletzt haben, machen können, um eine Verletzung tatsächlich aus der Welt zu schaffen und Versöhnung zu erreichen. Was können wir aber beitragen, wenn wir in der anderen Rolle sind, in der Rolle dessen, der vom Partner verletzt wurde? Ob Verletzungen wieder ausgeräumt werden können und Versöhnung erreicht wird, das liegt nicht nur in der Verantwortung des „Täters", sondern auch in der Verantwortung des „Opfers".

Die Waffen des Verletzten

Wenn ich mich durch meinen Partner verletzt fühle, dann ist das allererste, daß ich dieses Gefühl bei mir selber auch *ernst zu nehmen* habe. Ich muß den Mut aufbringen, dazu zu stehen, daß ich meinem Partner deshalb auch böse bin. Es gibt zwei Möglichkeiten, diesem Schritt auszuweichen: erstens, indem ich mich selber klein und herunter-mache und zu mir selber sage: „Ach, sei doch keine solche Mimose!" – „Ach, ich bin aber auch überempfindlich!" und so weiter. Zweitens, indem ich mich über den anderen erhebe: „Der Arme kann halt nicht anders" oder auf österreichisch: „Ned amal ignorieren!" Beide Weisen, über Verletzungen hinwegzugehen, haben auf die Dauer verheerende Folgen. Denn ich kann mich oder den anderen noch so abwerten: Die Verletzung hat bereits ihre Spuren in meiner Seele hinterlassen, jene schwelenden Wunden, von denen wir gesprochen haben! Deshalb ist es besser, auch wenn es vielleicht zunächst mehr weh tut, sich den Schmerz und die Wut spüren zu lassen, welche diese Verletzung in mir hervorruft.

Das zweite ist ebenso wichtig: dem Partner laut und *deutlich kund zu tun*, daß er mich und womit er mich verletzt hat: „Du, jetzt bin ich wirklich sauer, du hast mir damit sehr weh getan!" Wenn wir statt dessen einfach bedrückt oder beleidigt verstummen, ist das sehr destruktiv, weil diese Reaktion den Partner im unklaren über die Situation läßt. Auf diese Weise entstehen oft fatale Mißverständnisse.

Als drittes ist darauf zu achten, daß wir dann, wenn wir von unserem Partner verletzt worden sind, immer eine gefährliche Möglichkeit in die Hand bekommen, ein zerstörerisches Machtspiel zu beginnen. Ich kann die Verletzung, die mir mein Partner zufügt, in einem *heimlichen Sündenregister* aufbewahren und diesem bei jeder Wiederholung einen neuen Posten hinzufügen. So wird der andere immer mehr zum Schuldigen und zum Sünder. Ich kann ihn damit immer mehr entwerten und verachten, und bei irgendeiner Gelegenheit kann ich ihm dann das ganze Sündenregister auf einmal präsentieren und ihn so moralisch fertig machen. Wenn der Partner mich verletzt, komme ich ihm gegenüber in die moralisch mächtigere Position. Ich kann diese ausnutzen, mich über ihn stellen und ihn klein machen. Aber damit wird nur alles noch schlimmer, und Versöhnung rückt in weite Ferne. Es ist also auch von dem, der verletzt wurde, Demut verlangt, nämlich der Verzicht, die moralisch bessere Position zu behalten und auszunutzen. Er muß bereit sein, seine Verletzung loszulassen und damit auf eine machtvolle Waffe zu verzichten.

Jede Verletzung, die mir mein Partner zugefügt hat, kann also eine schlimme Waffe in meiner eigenen Hand werden. Am schlimmsten wird es, wenn ich sage: „Das kann ich dir *nie mehr* verzeihen!" Damit habe ich den Übeltäter am Kragen, und ich kann ihn daran zappeln lassen, solange ich will. Er hat dann keine Chance mehr, irgend etwas wieder gut zu machen.

Wer zum Einsatz dieser Waffe neigt, der sollte sich eines klar machen: Wenn der Satz „Das kann ich dir nie verzeihen" wirklich stimmt, dann spricht er damit aus, daß die Beziehung zu Ende ist. Er müßte sich darum eigentlich trennen. Es könnte ja tatsächlich so sein: Manche Verletzungen zwischen Ehepartnern sind so schlimm, daß sie die Liebe wirklich töten und nicht mehr verziehen, nicht mehr wieder gut gemacht werden können. Dann ist es freilich besser, sich zu trennen, anstatt mir und dem Partner mit meiner Wut und Rache das weitere Leben schwer zu machen.

Wenn wir aber guten Willens sind, lassen sich die meisten Verletzungen wieder in Ordnung bringen. Sie zerstören dann die Liebe nicht, sondern vertiefen sie sogar und geben ihr eine neue Dimension. Denn wenn wir um Verzeihung bitten und verzeihen, bereichern sich unsere Herzen in einer tieferen Schicht. Freilich ist es dazu nötig, daß beide ihren Beitrag leisten, der Verletzte sowohl wie der Verletzende.

Empfehlungen für den Umgang mit Verletzungen

1. Wir nehmen an, daß B von A verletzt worden ist.
Empfehlung an B: Kehre nichts unter den Teppich! Sei böse auf A! Laß den Haussegen schiefhängen. Es liegt nun an A, ihn wieder gerade zu richten!

2. A mag nun die Tendenz haben, Erklärungen abzugeben und sich zu rechtfertigen. Manchmal ist das nötig, um Mißverständnisse zu klären. Meist macht es die Sache aber nur noch schlimmer.
Empfehlung an A: Stell dich in die Schuhe von B, betrachte den Vorgang aus seiner Warte. In den meisten Fällen wirst du dann seine Verletzung nachvollziehen können. Wenn dir das irgend möglich ist, anerkenne, daß du B verletzt hast (Ob du es bewußt wolltest, spielt keine Rolle!).
Weitere Empfehlung an A: Bitte daraufhin B ausdrücklich um Verzeihung. (Wenn dir die Worte dafür fehlen, lege sie dir vorher zurecht!)

3. B fühlt jetzt entweder Erleichterung und Freude –
Empfehlung an B in diesem Fall: Bring diese Gefühle zum Ausdruck, mache deutlich, daß es jetzt wieder gut ist und daß die Sache damit für immer (!) erledigt ist.
– oder es bleibt ein Rest: „Ne, so billig kommt er/sie mir nicht weg!"
Empfehlung an B für diesen Fall: Verhandle mit A eine Wiedergutmachung, die dir das Verzeihen ermöglicht.

4. A kann seinen Versöhnungswillen auch schon unabhängig davon dadurch deutlich machen, daß er von seiner Seite bereits eine Wiedergutmachung im Tun anbietet.
Empfehlung an A: Biete B etwas an, was er sich vielleicht schon lange von dir wünscht und was du bereit bist, von Herzen zu geben, um die Störung aus der Beziehung zu beseitigen.

5. Wenn A alles getan hat, um die Sache wieder gut zu machen, und B bereit war, zu verzeihen, heißt die eiserne Regel: Die Verletzung wird nie mehr als Vorwurf ins Gespräch eingebracht. Wenn das nicht möglich ist, ist die Versöhnung nicht gelungen, und man muß das Ganze noch einmal aufrollen.

🕮 Zum Weiterlesen:
Hans Jellouschek: Mit dem Beruf verheiratet. Von der Kunst, ein erfolgreicher Mann, Familienvater und Liebhaber zu sein. Kreuz Verlag, Stuttgart 1998, S. 100–104.
Hans Jellouschek: Warum hast du mir das angetan? Untreue als Chance. Piper, München 1997, S. 164–168. („Ein Wiedergutmachungsritual")

Arbeitsmänner und Familienfrauen

In meiner Arbeit mit Paaren erlebe ich immer wieder ein typisches Familien-Muster.

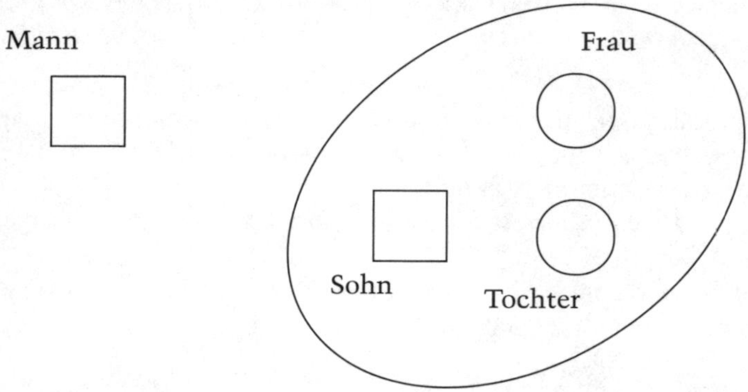

Der Mann und Vater steht außerhalb der Familie. Seine Aufmerksamkeit ist nach außen – auf seinen Beruf hin – gerichtet. Die Frau und Mutter bildet mit den Kindern zusammen gewissermaßen eine eigene Gruppe, am ausgeprägtesten dann, wenn sie nicht berufstätig ist. Aber auch wenn sie teilzeitlich arbeitet, ja selbst wenn sie voll berufstätig ist, sieht die Familienlandkarte häufig nicht wesentlich anders aus. Am deutlichsten finde ich dieses Muster bei Familien, deren Männer in der Industrie tätig sind, aber auch, wenn sie in anderen Berufen arbeiten, als Beamte, Lehrer, Ärzte und so weiter, taucht es immer wieder auf.

Die patriarchale Versorgungsehe – kein Auslaufmodell?

Es scheint, daß die Mehrzahl heutiger Paare, spätestens von dem Zeitpunkt an, da sie Kinder haben, immer noch dem alten Ehe-Modell folgen, das aus dem 18./19. Jahrhundert stammt und das die Soziologen „patriarchale Versorgungs-Ehe" nennen. Freilich wird dem Mann und Vater heute nicht mehr die Macht des alten Patriarchen zuerkannt, und wo er sie beansprucht, schlägt ihm die geballte Opposition von Frau und Kindern entgegen. Denn dieses Modell widerspricht von Grund auf den heute allgemein herrschenden Überzeugungen. Hier liegt ein großes Problem, das viele Konflikte zwischen Partnern verursacht. Wir gehen alle heute davon aus, daß Mann und Frau gleichwertig sind. Das heißt aber, daß der Mann nicht (mehr) „Haupt der Frau" ist, und es heißt, daß beide *die gleichen Verwirklichungs- und Entfaltungschancen in Familie und Beruf* haben müßten. Unsere Familien-Landkarte zeigt jedoch, daß verheiratete Frauen nach wie vor hauptsächlich auf die Familie und die meisten Männer hauptsächlich auf den Beruf zentriert sind und von ihren Familien nicht viel mitkriegen. Das bedeutet eine ungeheure Diskrepanz zwischen Beziehungs-Ideal und Beziehungs-Realität, und das muß sich konflikthaft auswirken. In der Regel sind es die Frauen, die diese Diskrepanz ansprechen und die Männer damit oft in die Defensive treiben. Typische Vorwürfe lauten:

- „Du bist nie da!" „Du bist mit deinem Beruf verheiratet, ich und die Kinder haben nichts von dir!"
- „Wenn du da bist, kannst du dich nicht auf das Familienleben einstellen. Die Kinder sollen dann so funktionieren, wie du es vom Geschäft her gewohnt bist!"
- „Wenn du kommst, wirst du zum Pascha, der versorgt und verwöhnt werden möchte!"
- „Man kann mit dir über keine persönlichen Dinge reden. Entweder schweigst du dann oder weichst auf irgendwelche Sachthemen aus!"

Arbeitsmann und Familienfrau

Frauen werfen also ihren Männern häufig vor, daß sie auf die Rolle des Arbeitsmannes fixiert sind, der immer nur rackert und nicht loslassen kann, der immer nur den Kopf anstrengt und nicht fühlt, der immer hinter irgendwelchen Zielen herjagt und nicht flexibel auf den Augenblick eingehen kann, der immer an Sachthemen klebt und für Beziehungsfragen keinen Sinn hat und deshalb und vor allem: der sie mit den Kinder- und Familienangelegenheiten allein läßt. Was bleibt ihnen dann anderes übrig, als sich um diese „anderen Seiten des Lebens“ zu kümmern? Was bleibt ihnen übrig, als sämtliche Fürsorgeaufgaben zu übernehmen, für Kinder, Mann und alte Eltern die gesamte „Beziehungsarbeit“ nach innen und außen zu leisten und so die Familie am Laufen zu halten? Das berufliche Überengagement der Männer schränkt sie in ihren Augen auf ein familiäres Überengagement ein und läßt häufig die eigenen beruflichen Ambitionen und die eigene qualifizierte Ausbildung im Kochtopf verdampfen.

So sehen es viele Frauen. Und die Männer? Meist sagen sie nicht viel, und wenn, dann wehren sie ab. Es geht halt nicht anders. Man kann sich den beruflichen Anforderungen nicht entziehen, überhaupt wenn man auch noch ein bißchen Karriere machen will ... So kommen sie leicht in die Rolle derer, die ihr Leben auf Kosten der Frauen leben. Aber sind sie in einer so guten Lage? Wenn sie sich nicht verteidigen müssen, beginnen sie manchmal selbst davon zu sprechen, wieviel an menschlicher Substanz ihnen dabei verloren geht. Alles, was ihnen die Frauen – häufig mit Recht – vorwerfen, bedeutet ja eine schreckliche menschliche Verarmung. Sie fühlen die innere Leere, die das klaglose Funktionieren mit sich bringt, sie erleben sich in der Familie als Fremde und Störfaktoren, sie wissen nicht Bescheid, was die Kinder brauchen – und die lassen sie das auch deutlich genug spüren. Sie erleben, wie die Kinder der Frau viel näher stehen als ihnen, und manchmal nimmt einer der Söhne sogar quasi ihren Platz an der Seite der Frau ein ... Eigentlich sind die Männer in keiner besseren Lage! Die Einengung auf den Beruf beschränkt sie in ihrer Selbstenfaltung mindestens genauso, wie die Einengung auf die Familie die Frauen, wenn nicht sogar mehr.

Ein gemeinsames Problem

Das Problem ist also ein gemeinsames und müßte darum gemeinsam (und nicht gegeneinander) angegangen werden. Zweifellos braucht es hier auch noch zahlreiche familien- und berufs- und gesellschaftspolitische Maßnahmen, um überhaupt günstigere Rahmenbedingungen für gleiche Chancen für *beide* Geschlechter in *beiden* Bereichen zu schaffen. Aber nicht zu selten kommt es vor, daß die bereits vorhandenen Möglichkeiten von den Betroffenen selbst gar nicht genutzt werden, weil Männer und Frauen immer noch – von sich aus – nach dem alten Familienmuster funktionieren. Es muß also auch etwas in uns selbst stecken, daß wir gegen unsere eigenen Ideale immer wieder in die Richtung des patriarchalen Familienmodells laufen. Ich möchte dazu ein paar Hinweise geben:

1. Uralte Rollenbilder sind noch tief in unserer Seele verankert. So steuert, ohne daß sie es immer merken, das Bild des Jägers, der in der Wildnis draußen die Tiere für die Ernährung der Sippe erlegt, nach wie vor das Verhalten heutiger Männer. Aber auch heutige Frauen tendieren immer noch eher dazu, sich wie ihre Urahninnen in den Höhlen drinnen schützend über ihren Nachwuchs zu neigen und den Männern draußen den Rücken freizuhalten, als kämpfend ihre eigenen Interessen durchzusetzen. Daraus entsteht immer wieder die alte Rollenaufteilung: Männer meinen, für das „Jagd- und Kampffeld" des Berufes geboren zu sein, und Frauen halten sich, selbst wenn sie berufstätig sind, doch oft in erster Linie für die Familie zuständig und stellen im Zweifelsfall ihre Berufslaufbahn hintan. Das zeigt sich oft auch darin, daß Männer die Tendenz haben, die Berufstätigkeit ihrer Frauen als Freizeit-Hobby abzuwerten, und Frauen manchmal meinen, sie würden für Kinder- und Erziehungsfragen „von Natur aus" kompetenter sein und darum die Männer hier gar nicht zum Zug kommen lassen (zum Beispiel im sogenannten Baby- oder Familien-„Urlaub").

2. Diese uralten Rollenbilder werden dadurch in Frauen und Männern verfestigt, daß sie ihnen von den eigenen Eltern als Modell vorgelebt wurden, das sie als Kinder in sich hineingenommen haben und das jetzt wieder auflebt. Immer wieder kann man beobachten: Als unverheiratetes oder kinderloses Paar schaffen es die Partner sehr gut, ein modernes Beziehungsmuster zu leben; beide fühlen sich gleichermaßen für ihren Beruf und ihren Haushalt zuständig. Sobald aber Kinder kommen, beginnen sie, oft ohne es zu merken und natürlich „verführt" durch die konkreten gesellschaftlichen Bedingungen, die Einstellungen und Verhaltensweisen der eigenen Eltern zu kopieren: Er wird zum Arbeitsmann und „Pascha", und sie wird zur Familienfrau und „Rundumversorgerin", genauso wie sie es bei Vater und Mutter erlebt haben und selber niemals machen wollten! Die Macht der alten Rollenbilder: Wir sollten sie nicht unterschätzen! Und: *Beide* sollten sie nicht unterschätzen, auch die Frauen nicht, und jeder sollte den eigenen Part reflektieren, den er in diesem Rollenspiel spielt.

Möglicherweise haben auch Psychologen und Psychotherapeuten zu dieser Entwicklung beigetragen. Sie haben in den letzten Jahren alles getan, um die Bedeutung der Mütter und der Mutter-Kind-Beziehung zu betonen und in den glühendsten Farben auszumalen, was hier alles nötig und „richtig" ist. Damit wurde Frauen mit beruflichen Ambitionen systematisch ein schlechtes Gewissen bezüglich ihrer Kinder beigebracht. Ein total überhöhtes Mutter-Ideal wurde so aufgerichtet, mit dem verglichen Frauen, die Beruf und Familie mühsam unter einen Hut zu bringen trachteten, nur schlecht dastehen konnten. Durch neueste Familienforschungen (zum Beispiel Elisabeth Fivaz in Lausanne) wird dagegen heute immer klarer: Nicht die „Zweierbeziehung" Mutter-Kind ist das Entscheidende, sondern die „Dreier-Beziehung" Vater-Mutter-Kind schafft für die Kinder den Raum der Geborgenheit, in dem sie gut aufwachsen können. „Beziehung" heißt aber, daß der Vater nicht nur den „äußeren Rahmen" bietet (als „Familien-Ernährer"), sondern daß er als lebendige Person präsent ist. Häufig erleben Kinder in heutigen Familien „zu viel Mutter" und „zu wenig Vater". Das Väterliche ganz konkret zu spüren, körperlich wie seelisch, bringt die Seele des Kindes in die richtige Balance!

Entsprechendes muß man aber auch mit Blick auf Frauen und Berufswelt sagen: Sie werden hier dringend gebraucht! Häufig fehlt das weibliche Element hier allzusehr. In unserer Dienstleistungsgesellschaft wird dies immer spürbarer. Zum Beispiel erinnere ich mich an eine Klinik-Station, die von zwei Ärztinnen geleitet wird. Es herrscht hier ein vollständig anderes Klima, als ich es von anderen Stationen kenne! Oder an eine Pharma-Firma, die eine Personal*chefin* hat: Ich bin noch nirgendwo so flexiblen und vielfältigen Arbeitszeit-Modellen wie hier begegnet! Es tut den traditionell männlichen Domänen gut, wenn Frauen, und den weiblichen, wenn Männer in sie einrücken. Dadurch wird unsere Welt vollständiger, menschlicher – und das hat sie bitter nötig!

Die heutige Arbeitsmarktsituation schreit nach einer Neuverteilung der Arbeit. Die Zukunft liegt in der Teilzeit oder „Mobilzeit". Das gibt Frauen neue berufliche und Männern neue familiäre Möglichkeiten. Allerdings unter einer Voraussetzung: daß wir dazu innerlich bereit werden und erkennen, wie sehr wir neue Wege auch mit eigenen Einstellungen und eingefahrenen Verhaltensweisen nach wie vor verhindern.

Empfehlungen für mehr Ausgleich zwischen Beruf und Familie

1. Überprüfen Sie in Ihrer Beziehung die Zuständigkeiten von Frau und Mann für Famiie/Haushalt einerseits und Beruf(e) andererseits. Wenn Sie diese prozentual einschätzen: Wie verteilen sich die Anteile? Sind Sie damit zufrieden? Wenn nicht: Wie gehen Sie mit Ihrer Unzufriedenheit um?

2. Machen Sie ein kleines Experiment: Setzen Sie sich an einem ungestörten Ort zusammen. Beklagen Sie sich aus ganzem Herzen über alles, was in Ihrer beruflichen und/oder familiären Situation beklagenswert ist. Der Partner darf nur zuhören und (verständnisvoll) nachfragen. Keine „Diskussionen", keine Gegenargumente und Rechtfertigungen! Machen Sie dies wechselseitig, zuerst der eine, dann der andere. Dadurch kommen Sie aus einem etwaigen Anklage-Verteidigungs-Muster heraus, zu mehr Verständnis für die Situation des anderen und (vielleicht) zu dem Gefühl, daß Sie ein *gemeinsames* Problem haben!

3. Entwerfen Sie mit dem Partner zusammen fantasievolle Szenarien, in denen eine gleichwertige Aufteilung von Beruf und Familie auf Frau und Mann – konkret für Ihren Fall – verwirklicht wäre. Tauschen Sie aus, welche Gefühle (Begeisterung, Angst, Widerstand ...) ein solches Szenario in Ihnen auslöst. Machen Sie das immer wieder einmal: Attraktive Zukunftsbilder haben ihre eigene Kraft, sich zu verwirklichen!

4. Überprüfen Sie, ob Sie alle in Ihrem Fall an sich vorhandenen Möglichkeiten (Familiensituation, betriebliche Angebote, finanzieller Spielraum usw.), eine befriedigendere Verteilung Beruf-Familie zu erreichen, auch tatsächlich schon nutzen, und wenn nein, warum nicht.

🕮 Zum Weiterlesen:
Dieter Schnack/ Thomas Gesterkamp: Hauptsache Arbeit? Männer zwischen Beruf und Familie. Rowohlt, Reinbek 1998.

Die ewig unzufriedenen Frauen ...

„Ach", rief die Frau, „das ist doch schlimm, wenn wir hier immer in dem alten Pißpott wohnen müssen. Da stinkt es, und es ist so eklig. Du hättest uns doch ein hübsches Häuschen wünschen können. Geh noch einmal an die See, rufe den Butt und sag ihm, wir wollen ein kleines Häuschen haben." – „Ach", sagt der Mann, „was soll ich da noch hingehen?" – „Ei", sagte die Frau, „du hast ihn doch gefangen und hast ihn wieder schwimmen lassen, der tut das bestimmt. Geh gleich hin!" – Der Mann wollte immer noch nicht. Weil es aber seine Frau durchaus wollte, ging er schließlich doch.

„Meine Frau, die Ilsebill, will nicht so, wie ich wohl will": Dieser Reim aus dem Grimmschen Märchen „Vom Fischer und seiner Frau", dem der zitierte Abschnitt entstammt, ist Ihnen wahrscheinlich aus Kindheitstagen noch im Gedächtnis. Das Märchen handelt von einer ewig unzufriedenen Fischersfrau, die nicht genug kriegen kann. Ihr Mann gibt sein Bestes, überwindet seine Widerstände und tut alles, was sie von ihm will. Aber ihre Wünsche steigern sich ins grotesk Unermeßliche, bis schließlich – als gerechte Strafe – alles, was ihr zuteil geworden ist, verloren geht, und sie am Ende wieder in der armseligen Hütte hockt, die sie am Anfang loswerden wollte.

Als mir vor einiger Zeit dieses Märchen wiederbegegnete, erinnerte es mich an viele Paare, die ich aus meiner Arbeit oder meinem Freundeskreis kannte. Gutwilliger Mann – ewig unzufriedene Frau: Kennen Sie das nicht auch, vielleicht sogar aus eigenem Erleben? Warum nur gibt es so viele Frauen, die in ihrer Partner-Beziehung so unzufrieden sind? Unlängst habe ich von einer wissenschaftlichen Untersuchung gelesen, die herausgefunden hat, daß verheiratete Frauen auffallend häufiger depressiv sind als ihre unverheirateten Geschlechtsgenossinnen. Ein überraschendes Ergebnis! Spontan würden wir vermuten, daß die armen, alleinstehenden Frauen die schlechtere Stimmung haben! Doch die Wissenschaftler haben das genaue Gegenteil herausgefunden!

Und wenn man die Männer befragt, erscheint einem das Ergebnis gar nicht mehr so überraschend. Man braucht nur ein wenig herumzufragen, dann hört man von ihnen allenthalben: „Meine Frau ist nicht zufrieden, meine Frau wünscht sich mehr von mir!" Woher kommt das nur? Kommt die Unersättlichkeit aus der weiblichen Natur? Wenn wir an alte Darstellungen verschlingender Muttergöttinnen denken oder auch an das verbreitete Sagen-Motiv der verführerischen Nixe, die den ihr verfallenen Mann in den Abgrund zieht, scheint das jedenfalls eine tiefsitzende männliche Angstfantasie zu sein. Wenn wir allerdings nach dem ersten Eindruck einen zweiten, genaueren Blick auf unser Ilsebill-Märchen werfen, kommen ganz andere Dinge zum Vorschein.

Fantasie und „Realismus"

Der Fischer und seine Frau wohnen in einer heruntergekommenen Hütte (einem „Pißpott"). Daß der Mann einen Zauberfisch, der sprechen konnte, gefangen und wieder freigelassen hat, bringt Ilsebill auf die kreative Idee, daß dieser ihnen als Dank ein neues Häuschen verschaffen könnte. Ilsebill entwickelt also Fantasie – über die bisher gegebenen Grenzen hinaus. Der Fischer dagegen ist davon völlig überrascht: „Was hätte ich mir denn wünschen sollen?" fragt er ganz erstaunt. Er ist unbeweglich und steckt im Gegebenen fest. Er kann sich gar nicht vorstellen, daß ihr Leben auch ganz anders aussehen könnte. Kennen Sie das? Hier beginnt es bereits, das Muster, in das der „gutwillige" Mann und die „unzufriedene" Frau sich immer mehr verstricken und in gegensätzliche Positionen manövrieren. Sie hat Fantasie und malt sich alles Mögliche aus, ihn hat das vielleicht am Anfang fasziniert, aber im Laufe der Zeit beunruhigt ihn das mehr und mehr und macht ihm angst. Statt mitzufantasieren, was sie sich alles Tolles wünschen könnten und sich auf diese Weise auf ein realistisches Maß mit ihr einzupendeln, setzt der Mann den Ideen seiner Frau nur immer seine starre „Realität" entgegen – und je unbeweglicher er wird, desto mehr schießt ihre Fantasie ins Kraut ... Die „unmäßige" Frau hat fast immer als Pendant einen besonders „realistischen" und unbeweglichen Mann!

Sich auf die eigenen Füße stellen

Es fällt noch etwas anderes auf. Der Fischer tut zwar das ganze Märchen hindurch letztendlich immer, was die Frau von ihm will: Er geht immer wieder zum Meer und trägt dem Fisch ihre Wünsche vor. Aber von Anfang an, auch da, wo ihre Wünsche noch ganz verständlich und einfühlbar sind, beim kleinen Häuschen, setzt er ihnen seinen Widerstand entgegen. Er will einfach nicht, er steht nicht dahinter. Trotzdem drängt Ilsebill weiter, daß er für sie zum Fisch geht. Warum nur nimmt sie die Sache nicht selber in die Hand? Sie könnte doch selber hingehen und schauen, was sich beim Fisch erreichen läßt. Warum tut sie das nicht? Sie müßte aus ihrer Enge heraus, hinaus an den weiten Strand, ans gewaltige Meer. Traut sie sich das nicht zu? Macht es ihr angst? Im Pißpott stinkt es zwar und ist eklig, aber es ist da auch warm und geborgen! Kennen Sie das auch? Da fällt der Frau zu Hause die Decke auf den Kopf, der Mann ist den ganzen Tag unterwegs, die Kinder brauchen sie nicht mehr rund um die Uhr: Es wäre an der Zeit, wieder ein eigenes Leben zu beginnen, in den Beruf zurückzukehren, eigene Ziele zu verfolgen, eigene Wünsche zu realisieren. Aber da ist die Angst, die Unsicherheit, mangelndes Selbstbewußtsein. Da bleibt man lieber daheim im trauten Heim (im „Pißpott"?), und der Mann soll machen, daß man zufrieden ist ... Wie kommt es nur, daß Ilsebill immer nur den Mann schickt und nicht selber hinsteht?

Was sie wirklich will

Ilsebill scheint überhaupt eine Frau zu sein, die nicht sehr gut auf sich selber achtet. In bewegten Worten schildert sie, wie unwohl sie sich in ihrem „Pißpott" fühlt. Und wie reagiert der Mann? „Was soll ich da hingehen!" Sehr einfühlsam, nicht wahr? Der Fischer geht mit keinem Wort auf ihre Gefühle ein, indem er etwa sagen würde: „Ach, du fühlst dich unwohl hier? Das wußte ich ja noch gar nicht! Sag, ist das tatsächlich so?" Nichts dergleichen, er wehrt sich nur dagegen, daß er da hingehen soll. Damit aber mißachtet er sie als Person. Er tut zwar schließlich doch, was sie will, viel wichtiger aber wäre, daß er sich zuerst mit ihren Wünschen und Bedürfnissen befaßt. Dann würde er sie als Gegenüber ernst nehmen. Und auch hier nochmals die Frage: Kennen Sie das? Daß Sie Ihrem Mann ein Gefühl, ein Bedürfnis, eine Sehnsucht oder Angst mitteilen, und der schlägt Ihre Mitteilung mit Sachargumenten tot?

Und kennen Sie auch das, was dann passiert? Ilsebill begibt sich selbst auf die Ebene der Sachargumente und argumentiert herum, damit der Fischer doch hingeht. Sie bemerkt die Mißachtung ihrer Wünsche nicht, läßt es einfach mit sich machen, daß er darüber hinweggeht, statt sich kräftig zu wehren. Aber wahrscheinlich spürt sie es irgendwo in ihrer Seele doch. Es bleibt, obwohl er geht, ein Gefühl der Unzufriedenheit, und dieses verwandelt sich in einen Wunsch nach „noch mehr": Statt dem Haus muß es bald ein Schloß sein, dann will sie König, Kaiser, Papst und schließlich noch der liebe Gott werden. In dieser überbordenden Maßlosigkeit kommt zum Ausdruck: Es nützt nichts, wenn der Partner – äußerlich – die Wünsche seiner Frau erfüllt, aber diese und damit sie selbst als Person nicht wirklich ernst nimmt. Dann kann er ihr die Welt zu Füßen legen, und sie fühlt sich trotzdem leer, und diese Leere drängt danach, mit irgendetwas gefüllt zu werden, und weil es nie das Richtige ist, muß es immer mehr werden ...

Einander begegnen

Hier wird die Dynamik der „unzufriedenen Frau" besonders deutlich. Die Wünsche, um die gerangelt und gestritten wird, sind es oft gar nicht. Das, was „sie" immer an „ihm" auszusetzen hat, darum geht es nicht wirklich. Was sie sich wünscht, ist eigentlich, daß er ihr als Person begegnet, daß er sich auf sie bezieht, daß sein Blick und ihr Blick sich finden, daß sein Herz und ihr Herz einander berühren. Dann müßte Ilsebill nicht mehr ein Schloß haben, nicht mehr König, Kaiser, Papst werden ...

Aber Männern fällt das ganz schön schwer. Sie drücken das, was sie fühlen, leichter über Dinge und äußere Handlungen aus und lassen sich selbst dahinter verschwinden. Einer Frau wirklich begegnen, Nähe aushalten, sich berühren lassen, das macht ihnen angst, dagegen wehren sie sich, und manchmal schlägt sie der Wunsch danach regelrecht in die Flucht. Woher kommt das? Darüber erfahren wir aus dem Märchen nichts mehr. Aber es scheint so zu sein, daß Frauen sich viel direkter auf Männer beziehen können als Männer auf Frauen. Es ist, als ob jede Frau für den Mann auch noch ein Stück Mutter repräsentieren würde, von der er sich lösen und gegen die er sich wehren muß, um seine Identität als Mann zu wahren.

Frauen wirklich zu begegnen, das müssen Männer darum oft erst lernen. Frauen sollten das verstehen, aber sie sollten auch nicht zu nachsichtig mit ihnen sein. Ilsebill läßt es einfach zu, daß der Fischer über sie hinweggeht – und wird unzufrieden bis zur unerträglichen Maßlosigkeit. Sie müßte schon ganz am Anfang, als er sagt „Was soll ich da hingehen", ein deutliches Signal setzen (zum Beispiel: „He, hörst du nicht, daß es mir hier entsetzlich stinkt?!") und ihn nicht einfach damit laufen lassen, daß er sich nicht auf ihre innere Befindlichkeit bezieht. Hier müßte die Auseinandersetzung erfolgen, und die Chancen stünden nicht schlecht. Denn zweifellos ist der Fischer, wie viele seiner Geschlechtsgenossen auch, ein gutwilliger Mensch, der es seiner Frau recht machen will. Aber „es recht machen" und „wirklich auf sie eingehen", das sind zwei sehr verschiedene Dinge, und um diesen Unterschied zu erkennen, dafür brauchen viele Männer, daß die Frauen sie an dieser Stelle nicht „auslassen".

Vielleicht sagt jetzt manche von meinen Leserinnen: Na, so wichtig sind die Männer auch wieder nicht, daß unsere ganze Zufriedenheit davon abhängt, daß sie uns persönlich begegnen. Richtig. Das ist nur der eine Teil. Den anderen habe ich oben erwähnt, und darin könnten die Frauen von den Männern oft etwas Wichtiges lernen: nämlich weniger Hemmungen zu haben, die eigenen individuellen Interessen selber zu verfolgen. Ilsebill würde wahrscheinlich nicht als die ewig Unzufriedene dastehen, wenn sie ihr Schicksal selber in die Hand genommen und selber mit dem Fisch verhandelt hätte, anstatt alles davon abhängig zu machen, was ihr Mann bei ihm ausrichtete. Wenn mehr verheiratete Frauen das, was sie brauchen, sich selber holen würden, wären wahrscheinlich weniger verheiratete Frauen depressiv.

Regeln für den Umgang mit notorischer Unzufriedenheit

1. Hinter vielen Wünschen verbirgt sich etwas ganz anderes als das Gewünschte, das meist als etwas Greifbares, Handhabbares artikuliert wird.

2. Wer bei hartnäckiger Unzufriedenheit hinter die äußerlichen Wünsche zu blicken versucht, wird sehr rasch merken, daß es sich um ein Mehr an Beziehung handelt und nicht um ein Mehr an Geld und Gut.

3. Die geschlechtsspezifischen Unterschiede wirken sich vor allem auch hier aus, weil Frauen in der Tendenz mehr Beziehungsmenschen sind und Männer mehr sachlich orientiert sind.

4. Eine Lösung innerhalb dieser klassischen Konstellation „ewig-unzufriedene Frau – willig-gutmütiger Mann“ wird es geben, wenn beide Partner versuchen, sich auf dieser Ebene näher zu kommen und Kompromisse zu finden.

📖 Zum Weiterlesen:
Hans Jellouschek: Vom Fischer und seiner Frau. Wie man besser mit den Wünschen seiner Frau umgeht. Kreuz Verlag, Zürich 1997.

Darf es Geheimnisse geben?

Darf man in einer Paarbeziehung Geheimnisse voreinander haben? Muß man nicht „über alles" miteinander reden? Je länger ich mit Paaren therapeutisch arbeite, desto klarer wird mir: Es gibt keine Rezepte, die darauf eine allgemein gültige Antwort geben könnten. Man muß es von Fall zu Fall neu überlegen. Darum will ich zunächst nur einen sehr allgemeinen „Rahmen" abstecken, bevor ich an einzelnen Beispielen Antworten versuche.

Einerseits: In der Paarbeziehung braucht es Offenheit. Wenn der Partner für mich ein Buch mit sieben Siegeln ist, bleibt er mir fremd. Was ich vom anderen nicht kenne oder weiß, schafft Distanz zwischen uns. Darum haben ja Partner, vor allem Frauen, die das wohl deutlicher spüren, häufig das Bedürfnis, mehr von dem zu erfahren, was im andern vorgeht. Dann fühlen sie sich nah und vertraut. Andererseits aber: Distanz braucht es *auch*. Ein Stück weit *muß* mir der andere sogar fremd bleiben. Denn wir sind zwei Individuen, die niemals vollständig miteinander verschmelzen können, die immer durch die Grenzen ihres Ichs voneinander getrennt bleiben. Da gibt es Brücken und Verbindungswege, und es gibt Momente fast vollkommenen Eins-Seins, aber aufs Ganze gesehen bleiben wir zwei. Und das ist auch gut so: denn nur zwei getrennte Individuen können sich in Liebe einander schenken. Wenn Partner ihre Individualität zu weitgehend aufgeben, kann man immer wieder beobachten, daß sie böse aufeinander werden und einander zu bekämpfen beginnen. „Ein Herz und eine Seele" – das kann eine momenthafte glückselige Erfahrung sein, zum Beziehungsideal aufs Ganze gesehen taugt es kaum.

Im Blick auf unser Thema heißt das: Wenn wir keine Geheimnisse voreinander haben, sind wir uns sehr nah und verbunden. Wenn wir dagegen Geheimnisse haben, schafft das Distanz zueinander. Ob das gut oder schlecht ist, kann man aber so allgemein nicht sagen. Denn beides – Distanz und Nähe – braucht es in einer Beziehung, beides kann aber auch zu viel oder zu wenig da sein. Darum kann man weder die Forderung „Man muß über alles reden" so allgemein erheben, noch stimmt es, daß Schweigen immer Gold wäre. Es kommt jeweils auf die Situation an. Dazu ein paar Beispiele, in denen zwar immer Sexualität und Erotik eine Rolle spielen (darum drehen sich wohl die meisten Geheimnisse unter Paaren), was aber keineswegs heißen soll, daß meine Überlegungen nur für diesen Bereich gelten.

Geständnis und Kontrolle

Max hat eine Geliebte. Was er mit ihr erlebt, auch im Bett, erzählt er nachher in allen Details seiner Frau Mathilde. Diese leidet furchtbar – und hört zu, ja sie will sogar, daß er erzählt. Warum tun die beiden das? Hat er ein schlechtes Gewissen und erhofft sich von seiner Frau „Lossprechung"? Oder versteckt sich sogar ein Vorwurf dahinter: „Schau, so toll ist es mit dieser Frau – und mit dir?!" Und Mathilde – warum tut sie sich das an? „Wenn ich davon nichts mehr erfahre, habe ich das Gefühl, er entgleitet mir vollends!" – Das ist es: Wenn sie die sexuellen Geheimnisse ihres Gatten erfährt, behält sie ein gewisses Maß an Kontrolle über ihn! – Geheimnisse auszuplaudern, kann also wie bei Max die Funktion haben, die Verantwortung für das eigene Tun abzuschieben, und die Geheimnisse des anderen wissen zu wollen, kann wie bei Mathilde dazu dienen, die Kontrolle über ihn zu behalten. Hier werden Geheimnisse „rückhaltlos" offenbart – und es wirkt sehr zerstörerisch: Aus der Paarbeziehung wird eine Eltern-Kind-Beziehung: Max kann das Erlebte nicht bei sich behalten, er muß wie der kleine Junge zur „Mama" laufen und es ihr erzählen. Und diese erträgt alles, verzeiht alles – und behält die Kontrolle über ihn, während er weiter seine Eskapaden und Fehltritte macht – und dann doch wieder bei der Mutter seine Zuflucht findet ... Ich will damit nicht sagen, daß es eine Lösung wäre, die Außenbeziehung vor Mathilde auf Dauer zu verheimlichen oder deren erotisch-sexuellen Charakter zu verschleiern. Aber zunächst wäre es für Max durchaus gut, das Erlebte bei sich zu behalten. Dann würde er nämlich merken, daß die Verantwortung dafür bei ihm liegt! Er müßte sich dann fragen: Was bedeutet denn das, was ich mit der anderen Frau erlebe, für mich und meine Ehebeziehung? Er käme wahrscheinlich zu dem Schluß, daß hier eine ernsthafte Auseinandersetzung ansteht, und *dann* wäre es an der Zeit, sich Mathilde zu offenbaren.

Dem anderen sofort alles erzählen „müssen", ist ein Zeichen von kindlicher Unreife, mit der ich den Partner zur Mama oder zum Papa mache. Und vom andern alles wissen „müssen", ist ein Zeichen, daß ich über ihn Macht und Kontrolle ausüben will. Was dabei auf der Strecke bleibt, ist die erwachsene Liebe zwischen Mann und Frau.

Hättest du doch geredet!

Ganz anders sieht es im zweiten Beispiel aus. Erika kommt eines Tages dahinter, daß ihr Mann Emilio, der einer italienischen Gastarbeiterfamilie entstammt, seit drei Jahren ein intimes Verhältnis zu einer Ärztin hat, die ebenfalls Italienerin ist, und in die er sich am Sterbebett seines Vaters verliebt hat. Ohne etwas davon zu wissen, hat Erika während dieser drei Jahre mit Emilio an mehreren Paargruppen teilgenommen, und Emilio hat dabei nichts von seinem Geheimnis verraten – er blickte nur manchmal etwas abwesend in die Ferne ... Nun steht das Paar vor einem Scherbenhaufen. Für Erika bricht eine Welt zusammen. Sie hat nichts gemerkt, und sie hat so etwas nie für möglich gehalten. In mehreren therapeutischen Gesprächen, die sie in ihrer Verzweiflung aufsuchen, wird zwar manches durchsichtig und verstehbar. Aber Erika fühlt sich so hinters Licht geführt, daß sie sich einen Neuanfang kaum noch vorstellen kann. „Hättest du doch geredet darüber ..." – so klagt sie immer wieder, und wir müssen ihr recht geben. Denn dieses Geheimnis Emilios über so lange Zeit hin hat das Vertrauen zerstört. Das Zusammenleben erscheint in der Rückschau als eine einzige Lüge, selbst dort, wo er sie nicht ausdrücklich belogen hat. Hätte er hingegen rechtzeitig über sein Erlebnis geredet, hätten die beiden vielleicht sogar zu einem tieferen Verständnis füreinander finden können, denn es liegt auf der Hand, daß Emilios Liebeserlebnis mit dem Sterben seines Vaters und mit seiner verlorenen Heimat zu tun hatte. Darüber aber hätte man rechtzeitig reden, damit hätte er sich rechtzeitig auseinandersetzen müssen. Zum jetzigen Zeitpunkt wird es für Erika fast übermenschlich schwer, nochmals Verständnis aufzubringen.

Wenn ein Geheimnis das Leben eines der Partner so stark und über so lange Zeit hin zu bestimmen beginnt wie in unserem Fall, wird das Zusammenleben für den Uneingeweihten zur Vorspiegelung falscher Tatsachen. Er mag seinen Anteil daran haben, weil er vielleicht die Augen zugemacht hat und die Zeichen an der Wand nicht sehen wollte. Aber die Hauptverantwortung für die Zerstörung der Beziehung hat hier doch der Geheimnisträger. Man muß Geheimnisse lüften, sobald sie sich zwischen die Partner schieben und einer dadurch quasi in einer anderen Welt zu leben beginnt, von der der andere nichts weiß. Geschieht das nicht, trägt die Beziehung häufig einen irreparablen Schaden davon.

Schweigen kann Gold sein

Unter anderen Umständen kann die Schlußfolgerung freilich wieder eine ganz andere sein. Dazu das nächste Beispiel: In der Diskussion nach einem Vortrag von mir über Untreue und Außenbeziehungen meldet sich eine junge Frau – ich nenne sie Friederike – zu Wort und sagt: „Ich bin verheiratet, und ich habe vor ein paar Jahren ein intensives Liebeserlebnis mit einem anderen Mann gehabt. Ich habe darüber nie mit meinem Partner gesprochen. Es war eine Erfahrung, die für mich ganz wichtig und sehr beglückend war. Aber das hatte nur mit mir zu tun, nichts mit meinem Mann. Als ich diese Erfahrung gemacht hatte, war es auch gut. Ich habe den Freund nie wieder gesehen – und mit meinem Mann lebe ich seither glücklich und zufrieden!" Was Friederike hier berichtete und die Art, wie sie das tat, erinnerte mich an etwas, das ich aus der Entwicklungspsychologie weiß: Heranwachsende *brauchen* Geheimnisse, in die sie die Eltern nicht einweihen. Für ihren Ablöseprozeß und für die Entwicklung erwachsener Eigenständigkeit ist das ganz wichtig. Solche Geheimnisse dienen dem Prozeß der Selbstfindung. Hat Friederike in der Begegnung mit dem anderen Mann eine solche Selbstfindung erlebt, so daß es nicht nur legitim, sondern auch nötig war, das Erlebte für sich zu behalten, zumal das Reden mit dem Partner darüber nur zu Mißverständnissen hätte führen müssen? Was ich hier sage, kann natürlich leicht als Ausrede mißbraucht werden, um vor dem Partner Unangenehmes zu verbergen. Bei Friederike war es keine Ausrede, das war deutlich zu spüren. Was mit ihr geschehen war, war etwas sehr Tiefes, das nur sie anging, darum konnte, ja vielleicht mußte sie es für sich behalten. Und darum war es ihr auch möglich, von der Beziehung zu dem anderen Mann bald wieder zu lassen, so daß sie sich nicht wie bei Erika und Emilio zwischen sie und ihren Mann schob.

Geheimnisse können uns mehr zu uns selber bringen. Dann müssen wir sie wahren. Geheimnisse können uns aber auch voneinander trennen und in Einsamkeit stürzen. Dann ist es an der Zeit, sie zu teilen. Dazu noch ein letztes Beispiel. Gabriele kann nicht gut mit ihrem Mann schlafen. Es verkrampft sich alles in ihr, wenn es so weit ist. Weil sie ihn nicht kränken will, spielt sie ihm ein Theater vor. Sie denkt sich: Vielleicht wird es auf diese Weise schon irgendwie werden. Aber es wird nicht. Sie bekommt nur immer mehr Abneigung gegen Sex. Sie weiß auch genau warum: Mehrere Jahre lang mußte sie als Mädchen den Opa befriedigen ... Diese Erlebnisse verblassen nicht im Kontakt zu Gregor, wie sie gehofft hat, im Gegenteil, sie bauen sich immer bedrohlicher vor ihr auf. Aber sie traut sich nicht, es Gregor zu sagen. Angst und Scham verschließen ihr den Mund. Einer Therapeutin gegenüber kann sie zum ersten Mal davon reden, und unterstützt von ihr offenbart sie das Geheimnis schließlich auch Gregor. Eine Last wie von Mühlsteinen fällt von beiden, auch von Gregor, der endlich versteht, was er dunkel immer irgendwie gespürt hat ... Das Problem ist dadurch zwar noch nicht beseitigt, aber es ist ein Anfang für einen gemeinsamen Prozeß gemacht, der aus der Sackgasse herausführt.

Friederikes Geheimnis – im vorherigen Beispiel – war ein „gutes Geheimnis", das ihr half, mehr sie selbst zu werden. Gabrieles Geheimnis dagegen war ein „böses Geheimnis", das sie und ihre Beziehung zerstört hätte, hätte sie es nicht gelüftet. Ich finde diese Unterscheidung von bösen und guten Geheimnissen, die von meiner Kollegin Rosmarie Welter-Enderlin stammt, sehr hilfreich zur Orientierung. Das Problem ist freilich: Wie kann ich mir sicher werden, wann ein Geheimnis „gut" und wann es „böse" ist? Man kann sich hier natürlich leicht betrügen – und den Partner ebenso. Andererseits dürften den Leser/-innen an den Beispielen deutlich geworden sein: Wir spüren es. Wenn wir offen sind, können wir es genau unterscheiden. Freilich braucht es dafür immer eine verantwortungsbewußte und klare Einschätzung der ganzen Situation. Dies immer beachtend, kann man mit aller Vorsicht folgende Kriterien formulieren.

Kriterien für den Umgang mit Geheimnissen:

1. „Alles" vom anderen wissen zu wollen, ist grundsätzlich unangemessen. Ich kann vom anderen nie alles wissen. Er ist als Person von seinem Wesen her ein Geheimnis, das ich zu achten habe.

2. Vom andern alle Geheimnisse wissen „zu müssen", ist der Versuch, Kontrolle über seine Gefühle und Gedanken auszuüben. Dem anderen alle Geheimnisse offenbaren „zu müssen" bedeutet, die Verantwortung für sich selbst nicht übernehmen zu wollen. Beides zusammen ergibt eine symbiotische Beziehung wie zwischen Mutter und einem noch sehr kleinen Kind, also eine Beziehungsform, die zwischen erwachsenen Partnern als unreife Beziehungsform zu beurteilen ist.

3. „Böse Geheimnisse" sind solche, mit denen ich den Partner täusche, ihm nötige Informationen vorenthalte, ihn manipuliere und Macht über ihn ausübe. „Gute Geheimnisse" sind solche, die für mich und meine Entwicklung nötig sind, ohne daß damit dem Partner ein Schaden zugefügt wird.

🕮 Zum Weiterlesen:
Rosmarie Welter-Enderlin: Deine Liebe ist nicht meine Liebe. Partnerprobleme und Lösungsmodelle aus systemischer Sicht. Herder, Freiburg 1997. Darin: „Familiengeheimnisse und Tabus", S. 126–153.

Wenn die Leidenschaft erlischt ...

Sie sind ein junges, hübsches Paar: Regina und Robert, Ende Zwanzig, seit fünf Jahren verheiratet und Eltern eines knapp dreijährigen Buben, der mit seinen dunklen Augen die gesamte Verwandtschaft bezirzt. Die beiden mögen sich, schätzen sich als Eltern, arbeiten gut zusammen. Sie haben es bereits zu einer schönen Eigentumswohnung gebracht, Robert ist erfolgreich in seiner Arbeit, und beide haben einvernehmlich entschieden, daß Regina nach der Baby-Pause nur noch halbtags in den Beruf zurückgeht, und damit ist sie auch vollauf zufrieden. Es läuft alles bestens – und trotzdem sitzen sie jetzt im Sprechzimmer des Paartherapeuten und fragen: „Passen wir wirklich zusammen?" Wie kommen ausgerechnet die beiden auf eine solche Frage? Aus einem Grund, der – glaubt man Sexualforschern – heute immer häufiger wird: Bei ihnen fehlt es an der Lust. Sie schlafen fast nicht mehr miteinander, weil es keinen von beiden danach verlangt. Das war freilich nicht immer so. Die Flammen der Leidenschaft loderten sogar ganz schön hoch, als sie sich kennenlernten, und das hielt auch eine ganze Zeit an – bis sie zusammenzogen. Von da an wurde es im Bett deutlich weniger spannend. Sie wollten das nicht recht wahrhaben, hofften, daß es nur vorübergehend wäre. Doch je verbindlicher die Beziehung wurde, desto weniger wurde die Lust aufeinander, und nach der Geburt ihres Kindes fanden sie den Weg zur körperlichen Vereinigung so gut wie gar nicht mehr. Jetzt, wo die Frage nach einem zweiten Kind ansteht, sind sie zutiefst beunruhigt: „Wenn wir gar keine Lust mehr aufeinander verspüren, sollten wir uns da nicht lieber trennen, als uns durch ein zweites Kind noch mehr aneinander zu binden?"

Sexuelle Lustlosigkeit auch bei jungen Paaren, bei einem oder – wie in unserem Beispiel – bei beiden Partnern, kommt häufiger vor als man annehmen möchte. Dabei geht es nicht um eine eigentliche „Sexualstörung", denn die sexuellen „Funktionen" sind bei beiden intakt, nur – es fehlt die Lust, und darum schafft man die Kurve zueinander immer seltener. Das dumpfe Gefühl der Resignation breitet sich aus. Die Partner bekommen mehr und mehr Angst, die Freuden des Lebens würden an ihnen vorbeifließen, und sie stehen am Ufer, schauen zu und können nicht teilhaben.

Woher kommt diese Schwierigkeit? Was die sexuelle Beziehung angeht, müssen wir uns immer wieder eine „Grundwahrheit" vor Augen halten, die leicht vergessen wird: Ob die Sexualität zwischen den Partnern „klappt" oder nicht, ist in aller Regel nicht eine Frage der sexuellen „Funktion". Die Partner „haben" keine sexuelle „Störung". Menschliche Sexualität ist eine komplizierte Angelegenheit. Sie ist eingebettet in und „vernetzt " mit dem gesamten komplexen Zusammenhang des gemeinsamen Lebens. Dazu zählen die körperliche Verfassung der Partner ganz allgemein, vorübergehende oder dauernde Belastungssituationen, Sorgen, die sich einer oder beide gerade machen, die Wohnsituation, die Inanspruchnahme durch die Kinder und so weiter. Das alles und noch viel mehr wirkt zusammen und ein auf die Sexualität. Wenn die Lust versiegt, ist in der Regel kein körperliches oder seelisches „Gebrechen" vorhanden, sondern es ist angezeigt, die gesamte Lebenssituation der Partner ins Auge zu fassen. Ist diese ganz allgemein lust-freundlich oder lust-feindlich? Wenn die Leidenschaft erlischt, hat es sehr oft mit letzterem zu tun. Ohne Anspruch darauf, alle hier denkbaren Möglichkeiten auch nur benennen zu können, möchte ich im folgenden auf einige wenige Störfelder der Sexualität im Zusammenleben der Partner hinweisen, die meiner Erfahrung nach zu wenig beachtet werden.

Zu viel Sicherheit?

Leben denn Regina und Robert in einer lust-feindlichen Situation? Nicht auf den ersten Blick. Aber schauen wir genauer hin. Es fällt auf, daß die Sexualität zwischen den beiden – wie es übrigens oft geschieht – ihren ersten Dämpfer erhält, als sie die Ausnahmesituation des Liebespaares beendet haben und durch das Zusammenziehen ein Stück Alltag und Normalität herstellen. Und je mehr Normalität in ihr Leben kommt – durch die Heirat, durch die Geburt des Kindes – desto weiter nimmt die sexuelle Lust zwischen ihnen ab. Um das zu verstehen, müssen wir uns vergegenwärtigen, daß wir Menschen zwei grundlegende Bedürfnisse haben, die in einem gewissen Gegensatz zueinander stehen: das Bedürfnis nach Sicherheit einerseits und das Bedürfnis nach Erregung andererseits. Sicherheit suchen und finden wir durch Bindung an etwas Vertrautes, Erregung suchen und finden wir im Kontakt zum Fremden. Dies gilt freilich nur in gewissen Grenzen. Denn zuviel Fremdheit macht angst, und bei zu viel Vertrautheit schlägt das Sicherheitsgefühl in Langeweile und Überdruß um. Wenden wir diese Erkenntnisse auf unser Paar an, könnten wir vielleicht zu folgender Deutung kommen: Als sie sich verliebten, lebte jeder noch in seiner eigenen Welt. Im anderen begegnete das ungewohnt Fremde, Faszinierende. Das war erregend und entfachte ihre Leidenschaft füreinander. Dann zogen sie zusammen, wurden einander vertraut und immer vertrauter, lernten sich „durch und durch" kennen, fanden immer mehr Sicherheit beieinander. Und man muß fragen: vielleicht zu viel Sicherheit? Vielleicht zu viel Vertrautheit? So viel, daß sich Langeweile und Überdruß breit machten? Ob dies nun bei Regina und Robert so ist oder nicht, auf jeden Fall lohnt sich für Paare, die Ähnliches erleben, die Frage: Ist das Fehlen der Lust vielleicht ein Zeichen für geheimen Überdruß an zu viel Sicherheit durch zu viel Bindung und Vertrautheit? Wo ist der andere Pol, das Stück Fremdheit zwischen den Partnern, der gute Abstand zwischen ihnen, der neugierig macht und Faszination hervorrufen kann?

Natürlich muß zwischen Partnern Bindung entstehen, und damit auch Vertrautheit und Sicherheit, anders wäre keine Lebensgemeinschaft möglich. Aber es braucht auch weiter ein Stück Fremdheit, und die bleibt gegeben, wenn die Partner außer für Bindung auch dafür sorgen, daß ihre Eigenständigkeit erhalten und gestärkt wird. Und das heißt: wenn beide Partner dafür sorgen, daß sie autonome Persönlichkeiten bleiben und sich als autonome Persönlichkeiten weiterentwickeln. Das geschieht zum Beispiel dadurch, daß ich auch nach der Heirat noch meine eigenen Interessen habe, meinen eigenen Hobbies nachgehe, meine eigenen freundschaftlichen Beziehungen pflege und für meine innere und äußere Selbständigkeit sorge. Jeder der Partner braucht auch nach der Heirat „seine eigene Welt".

Vor allem Frauen stehen in der Gefahr, sich darauf reduzieren zu lassen, die „Frau von ..." und die „Mutter von ..." zu sein. Das Übermaß an Bezogenheit auf Mann und Kinder schafft genau jene zu große Sicherheit und Vertrautheit, auf die der Mann mit Überdruß reagiert und womöglich dann das erregende Abenteuer bei einer anderen sucht. Aber auch viele Männer verlieren in der Zeit des familiären und beruflichen Aufbaus häufig ihr eigenes Profil. Sie beginnen, in der sach- und leistungsorientierten Berufswelt zu funktionieren wie ein kleines Rädchen im Getriebe, passen sich im Übermaß an, lassen sich mit Arbeit zuschütten und setzen alles dran, nur ja nicht durch zu viel Individualität unangenehm aufzufallen. An eigene Interessen, einen eigenständigen Freundeskreis, eigene kreative Ideen verschwenden wie keine Energien mehr. Diese grauen „Berufs- und Arbeitsmänner" werden für Frauen genauso unattraktiv wie umgekehrt die „Familienfrauen" für ihre Partner. Durch diesen Verlust an Eigenständigkeit auf beiden Seiten aber wird die familiäre Nähe zusehends ein undifferenzierter Einheitsbrei, in dem die Leidenschaft erlischt.

Mit der eigenen Mutter schlafen?

Übermäßige Vertrautheit und Sicherheit in der Bindung der Partner aneinander bewirken außerdem zwischen Eheleuten häufig sogenannte „Eltern-Übertragungen", die das Ersterben der Lust noch weiter voranbringen. Der Mann fühlt sich der Ehefrau gegenüber mehr und mehr wie der Sohn zur Mutter und die Frau dem Ehemann gegenüber wie die Tochter zum Vater. Dem entsprechen dann auch die wechselseitigen Erwartungen, von der Partnerin, vom Partner mütterlich-väterlich versorgt zu werden. Gehen diese darauf ein, schlüpfen sie also sozusagen in die angebotenen Mutter- und Vaterrollen, schadet das in den meisten Fällen auch der Sexualität. Das innerfamiliäre „Inzesttabu" setzt dann ein und läßt die Lust zwischen Mann und Frau ersterben. Noch häufiger als die Männer in die Vaterrolle, lassen sich in der geschilderten Weise die Frauen in die Mutterrolle drängen und damit ihrer Attraktivität als Sexualpartnerinnen berauben. Sobald Kinder da waren, haben sich die Paare früherer Generationen häufig gegenseitig mit „Mama" und „Papa" anzureden begonnen. Auch wenn wir das heute mit Worten nicht mehr tun, geschieht es auf psychologischer Ebene trotzdem noch häufig – zum Schaden einer lustvollen Sexualität!

Mit der „Eltern-Übertragung" ist noch ein weiterer sexualfeindlicher Aspekt verbunden. Wenn der Mann für seine Frau wie ein Sohn für die Mutter und die Frau für den Mann wie eine Tochter für den Vater wird, entsteht ein Machtgefälle. Das heißt: Die Ebenbürtigkeit der Partner leidet Schaden. Einer ist „oben", der andere „unten". Es war aber schon immer eine – meist unbewußt eingesetzte – Waffe des Ohnmächtigen, dem Mächtigen wenigstens die eigene Lust vorzuenthalten. Männer, die in ihren Frauen nur noch Mütter sehen, und Frauen, die sich ihren Männern gegenüber wie Töchter fühlen, verspüren in der Regel wenig Leidenschaft für sie, weil sie sich ihnen gegenüber eher „bewahren" und von ihnen abgrenzen müssen.

Zu viel Arbeit und Pflicht?

Es gibt noch zwei weitere Ursachen für sexuelle Lustlosigkeit, die ich noch kurz erwähnen möchte. Das Leben heutiger Paare, vor allem wenn sie Kinder haben und beide berufstätig sind, ist oft in einem Übermaß von Arbeit und Pflicht ausgefüllt. Es gibt keine freie Minute mehr, das Leben ist von früh bis spät verplant und angefüllt mit Tätigkeiten, die man in äußerst knapper Zeit erledigen muß. Auch und gerade tüchtige Ehepaare, die sich gut organisieren und alles bestens „hinkriegen", kommen dadurch in eine innere Haltung, die man nur als „lustfeindlich" bezeichnen kann: Sie sind darauf eingestellt, alles mit hoher Geschwindigkeit zweckrational, ökonomisch und zielorientiert zu erledigen. Es bleibt kein Raum mehr für Verweilen, für Muße und zweckfreies Tun. Wo soll sich da das lustvolle Spiel der Erotk entfalten können? Frauen verlieren, wenn sie in dieser Weise über längere Zeit eingespannt sind, meist ganz die Lust auf Sex, und bei den Männern wird Sex dann oft eine weitere, möglichst rasch und effektiv abzuleistende Aufgabe, was dann freilich ganz und gar nicht dazu angetan ist, die Frauen aus ihrer Lustlosigkeit herauszulocken. Wenn die Lust in einer Beziehung erstirbt, ist also auch danach zu fragen, ob es im Leben dieses Paares überhaupt noch etwas anderes gibt als Arbeit und Pflicht. Wenn dies nicht der Fall ist, würde die erste Aufgabe darin bestehen, im reißenden Alltagsstrom überhaupt erst mal wieder Inseln zu schaffen, auf denen Muße und Spiel, Lust und Freude ihren Platz haben – und zwar ganz allgemein und nicht nur im sexuellen Sinn. Auf solchen Inseln, auf die sich die Eheleute wenigstens dann und wann zurückziehen, kann sich vielleicht auch die Erotik wieder einstellen, denn Erotik gedeiht nur dort, wo man das Leben insgesamt auch zu genießen versteht.

Getrennte Welten?

Mit dem Aufgefressen-Werden von der Pflicht ist bei Paaren, vor allem, wenn sie mehrere Kinder haben, auch noch ein letzter Faktor gegeben, der der Lust unzuträglich ist. Frau und Mann beginnen in zwei völlig verschiedenen Welten zu leben und entfremden einander. Der Mann geht ganz in seinem Beruf auf, die Frau ganz in der Kinderwelt. Beide Welten gehorchen völlig anderen Gesetzmäßigkeiten, verlangen völlig andere, manchmal direkt entgegengesetzte Verhaltensweisen. Die Werte, die hier wie dort gelten, widersprechen sich häufig. Beide Welten aber verlangen das volle Engagement dessen, der ihnen angehört. Können Frau und Mann sich da noch gegenseitig verstehen? Sie können, aber das verlangt ständigen Austausch, ständiges Sich-Hineinversetzen in die Welt des anderen, ständiges Mühen darum, den Kontakt zum anderen nicht zu verlieren. Gelingt das nicht, kann es sein, daß das Paar in die gegenteilige Schwierigkeit kippt zu jener, von der wir am Anfang gesprochen haben: Frau und Mann verlieren jedwede Vertrautheit zueinander. Obwohl sie noch nebeneinander schlafen, werden sie sich immer mehr zu Fremden, und die Fremdheit wird so groß, daß sie nicht mehr erregend wirkt, sondern gleichgültig macht oder sogar Furcht einflößt. Unter diesen Bedingungen kann die Intimität der Sexualität und Erotik dann aber auch nicht gedeihen.

Wenn Partner, vor allem wenn sie die Leidenschaft aus früherer Zeit durchaus kennen, von sexueller Lustlosigkeit heimgesucht werden, liegt also die Ursache meist nicht in einem „sexuellen Problem" des einen oder anderen, sondern darin, daß sie ihr Zusammenleben lustfeindlich gestalten. Wenn sie herausbekommen, wie sie das machen und es dann verändern, lebt häufig auch die Lust in ihrer Beziehung wieder auf.

Fragen, die sich Partner bei sexueller Lustlosigkeit stellen können

1. Hat sich in unserer Beziehung die Balance zwischen „Sicherheit" und „Erregung" zu sehr in Richtung „Sicherheit" (und das heißt u.a.: Vertrautheit, Gewohnheit, Alltäglichkeit) verschoben? Wodurch könnte ein Schuß „Fremdheit" (und damit Neugier, Ungewohntes, Interessantes) in unsere Beziehung hineinkommen? Was müßte/könnte ich, was müßtest/könntest du dazu tun?

2. Sehe ich, der Mann, dich noch in einer anderen Rolle denn als Mutter der Kinder?
Sehe ich, die Frau, dich noch in einer anderen Rolle denn als Familien-Ernährer und Vater?
Was könnte/müßte ich, was könntest/müßtest du dazu tun, daß ich dich auch wieder anders – als attraktiven Mann/als attraktive Frau – sehen kann?

3. Gibt es in unserer Beziehung außer Arbeit und Pflicht auch noch einige „Inseln der Lust" (im weitesten Sinne)? Was wäre zu tun, um solche Inseln (wieder) zu entdecken?

4. Weiß ich eigentlich wirklich, was dich den Tag über beschäftigt, was dich umtreibt, bewegt, berührt?
Fühlst du dich von mir in deiner Welt gesehen, verstanden, begleitet?
Bist du noch neugierig auf mich?
Bin ich noch neugierig auf dich?

🕮 Zum Weiterlesen:
Norbert Bischof: Das Rätsel Ödipus. Die biologischen Wurzeln des Urkonfliktes von Intimität und Autonomie. Serie Piper 989, München / Zürich 1991.

Eifersucht belebt und zerstört

Kein Zweifel: Viele Partner machen sich mit Eifersucht das Leben schwer. Von quälenden nächtelangen Diskussionen über Handgreiflichkeiten bis hin zu Gewalt und Totschlag reicht das Spektrum. Von da her ist der Wunsch, die Eifersucht aus der Liebe zu verbannen, nur zu verständlich. Aber ist das möglich? – Was sagen Sie zu folgender Situation (die sich so oder ähnlich schon abgespielt haben soll!)? Er kommt spät in der Nacht von einem Liebesabenteuer nach Hause, seine Frau erwacht. Sie weiß, wo er war, aber es folgt keine Szene, kein Drama, kein Wut- oder Schmerzausbruch. Sie fragt lediglich: „Na, hast du es schön gehabt mein Schatz? Das freut mich!" – dreht sich um und schläft weiter ... Manche würden sich vielleicht eine solche Reaktion von ihrem Partner wünschen. Aber was würden wir dann von einer solchen Beziehung halten? Meinen Sie, daß diese Frau so reagieren kann, wenn ihr an ihrem Mann – als Mann – noch etwas liegt? Vielleicht liebt sie ihn sogar, aber was für einen Charakter hätte diese Liebe? Wohl den einer Mutter zu ihrem Sohn, aber in der Beziehung als Paar muß hier wohl etwas fundamental schief liegen. Also gehört Eifersucht doch zur Liebe zwischen Frau und Mann? Fallen wir aber damit nicht in uralte Zeiten zurück, in der sich Partner gegenseitig, und vor allem Männer ihre Frauen, als Besitz betrachteten? Ist Eifersucht nicht ein Zeichen von Besitzanspruch?

Zeichen von Besitzanspruch?

So wird von „fortschrittlichen" Menschen manchmal argumentiert: Eifersucht zeugt von Besitzanspruch. Der andere ist aber nicht mein Besitz, sondern er ist frei. Darum muß man sich dieses Gefühl schleunigst abgewöhnen. Denn es entspricht einer längst überholten Einstellung. – Ich kann dieser Argumentation nicht folgen. Denn was ist eigentlich Eifersucht? Eifersüchtig reagiere ich, wenn ein anderer mir so wichtig ist, daß ich mir Nähe und Intimität zwischen uns wünsche, aber erlebe, daß dieser andere diese Nähe und Intimität einem Dritten gibt. Liebe zwischen Mann und Frau meint: Ich nehme dich ganz und ich gebe mich dir ganz. Dadurch entsteht ein besonderer Raum von Intimität, der „nur uns" gehört. Wenn ich erlebe, daß mein Partner dieses Nehmen und Geben mit jemandem Dritten teilt, erlebe ich diesen „unseren" Raum zerstört. Darauf reagiere ich mit Schmerz, Trauer und Wut, eben – mit Eifersucht.

Das hat also nichts mit Besitzanspruch zu tun, sondern es ist die natürliche Reaktion auf die Verletzung personaler Liebe, die ich zwischen dir und mir erlebt habe oder mir jedenfalls wünsche. Es hat somit keinen Sinn, sich beispielsweise im Fall einer Außenbeziehung meines Partners die Eifersuchtsreaktion gewaltsam abtrainieren zu wollen, wie das manche Menschen versuchen, weil sie modern, tolerant, aufgeschlossen sein wollen. Damit werten sie sich nur selber ab und quälen sich unsäglich, anstatt sich mit dem Partner, der sie verletzt, auseinanderzusetzen.

Eifersucht ist so gesehen ein *Barometer der Liebe*. Sie zeigt beiden Partnern an, wann der Liebe Unwetter drohen, so daß man sich vorsehen muß – oft schon im vorhinein, bevor etwas Handfestes passiert ist: wie eben auch der Zeiger des Barometers ins Schlechtwetterfeld zeigt, schon bevor die Sonne am Himmel verschwunden ist. So gesehen schützt die Eifersuchtsreaktion den Raum der Liebe.

Aber Eifersucht kann doch auch sehr zerstörerisch sein! Denken wir an Shakespeares Othello, den siegreichen Feldherrn Venetiens, der sich so in seine Eifersuchtsfantasien hineinverstrickt, daß er schließlich seine völlig unschuldige Frau Desdemona grausam ermordet! Bei dieser offensichtlich destruktiven Eifersucht sind zwei Dinge ins Auge zu fassen: erstens die Fantasien, die der Eifersüchtige sich macht, und zweitens, die gewalttätige Handlung, die er daraus ableitet.

Zerstörerische Eifersucht

Beginnen wir mit der *Gewalthandlung*. Alle sind sich heute darüber einig, daß diese Tat zu weit geht, selbst wenn der Eifersüchtige mit seinen Vermutungen recht hätte. Die Gewalttat nämlich bedeutet, daß ich den Anspruch habe, über den anderen verfügen zu können, tatsächlich wie über einen Besitz: „Und kommst du nicht willig, so brauch ich Gewalt" – so sagt der Erlkönig in Goethes Gedicht zum Knaben, als seine Verführungskünste nichts zu fruchten scheinen: Das ist Besitzanspruch. Gekoppelt mit diesem Besitzanspruch, der Verfügungsgewalt, Macht und Kontrolle über die Gefühle und das Handeln des anderen zu haben meint, wird Eifersucht tatsächlich destruktiv und das Gegenteil von Liebe. Daß ich weine und vielleicht wütend schreie, wenn der Partner unseren Intimitätsbereich mit jemandem Dritten verletzt, das ist eine normale Reaktion der Liebe, die zeigt, daß es mir ernst ist mit unserer Partnerschaft. Aber: Ich besitze den anderen nicht, darum kann ich ihn nicht „unter Kontrolle" bringen oder Gewalt gegen ihn ausüben. Liebe darf, ja muß manchmal eifersüchtig sein, aber wenn sie versucht, Macht über den anderen auszuüben, zerstört sie sich selbst. Insofern ist meine Liebe immer „ohnmächtig", sie kann den anderen nicht zwingen, mich wieder zu lieben.

Das zweite sind die Eifersuchts-*Fantasien*. In Shakespeares Drama spinnt sich Othello ein fatales Fantasiegebäude zusammen: Aus nichtigen Tatsachen konstruiert er einen heimtückischen Ehebruch seiner Frau, für den er sie dann mit dem Tod bestrafen „muß". Die treibende Kraft dabei ist Jago, einer seiner Offiziere, der ihm „die Beweise" liefert. Häufig erlebe ich, daß Eifersüchtige diesen Jago in sich selber tragen, daß ein Teil ihres Ich „mit Eifer" nach Beweisen „sucht", auch in Vorfällen, die absolut harmlos sind. Da wird schon in jeden freundlichen Blick für einen anderen ein Seitensprung hineinfantasiert, und die Zeit, in welcher der Partner allein ist, wird mit den tollsten Liebesorgien seiner Untreue ausgefüllt. Diese Fantasien nehmen zwanghafte Züge an: Der Betroffene kriegt sie nicht mehr los, sie besetzen sein Hirn und sein Herz und machen ihn regelrecht zu einem „Besessenen". Wenn solche Phänomene zu beobachten sind, wenn Eifersucht Gewalt anwendet und/oder zwanghafte Fantasien produziert, ist sie kein Zeichen von Liebe mehr, sondern eine Krankheit, die psychotherapeutisch behandelt werden muß.

Was steckt dahinter?

Man fragt sich natürlich: Was steckt dahinter? Ich kann hier auf diese Frage nicht in ausreichendem Maße eingehen, sondern lediglich ein paar Richtungen angeben, in die man weiter forschen kann.

Wenn jemand anfängt, sich solche Hirngespinste zusammenzufantasieren, kann man sich als erstes fragen: Wird da nicht etwas verdreht? Könnte es sein, daß die tollen Liebesabenteuer, die der Eifersüchtige dem anderen andichtet, vielleicht seine eigenen Wünsche sind? Seine Wünsche, die er sich nicht zugesteht (geschweige denn, daß er sie sich zu erfüllen getraute!)? Manche übertrieben eifersüchtige Menschen haben ihre eigene innere Trieb-Welt überhaupt nicht „in Ordnung" gebracht. Sie haben das diesbezügliche innere Chaos lediglich verdrängt. Aus dem Untergrund drängt es hervor, und weil das bedrohlich ist, hängt er es dem Partner an. Im Fachjargon heißt das: *Er projiziert es auf ihn*. In einem solchen Fall muß sich der Partner heftig abgrenzen und klarstellen, wer hier etwas in Ordnung bringen muß: nämlich der Eifersüchtige selbst.

Ein zweite Fragerichtung könnte sein: Was hat der übertrieben Eifersüchtige als Kind erlebt? Manche haben schlimme Erfahrungen mit ihren frühesten Beziehungen gemacht. Sie waren alleingelassene, ja verratene Kinder. Die ganze unerfüllte Beziehungssehnsucht von damals richtet sich nun auf den Partner, und sie kippt an ihm dann auch sehr leicht um in jene tiefe Kränkung von damals, so daß die Eifersuchtstragödie im Grunde nichts anderes ist als die Re-Inszenierung des alten Beziehungsdramas, das sie in ihren Herkunftsfamilien erlebt haben. Solche Zusammenhänge brauchen freilich zu ihrer Erkenntnis und Bewältigung fachmännische Hilfe, und diese Hilfe braucht wieder in erster Linie der Eifersüchtige, nicht der Partner.

Den anderen in die Eifersucht treiben

Die Tendenz zur Gewalt und die Tendenz zum Ausfantasieren nichtiger Anlässe sind gewiß wichtige Anzeichen, daß die Eifersucht den Rahmen des „Normalen" gesprengt hat und in erster Linie ein Problem des Eifersüchtigen selbst ist. Aber es empfiehlt sich dennoch, bei diesem Urteil Vorsicht walten zu lassen. Man kann sich nämlich als Partner auch so verhalten, daß man den anderen förmlich in eine krankhaft erscheinende Eifersucht hineintreibt. Zum Beispiel: Man geht zwar mit dem oder der Dritten nicht ins Bett, berührt ihn/sie vielleicht nicht einmal, läßt aber in Blicken, Gesten und Worten eine Spannung knistern, in der „alles drin ist", und sagt dabei: „Was hast du denn schon wieder, ist doch gar nichts!" Solch *„virtuelles"*

Fremdgehen bei gleichzeitiger Leugnung, daß es so ist, kann den anderen tatsächlich in eine wahnhaft scheinende Eifersucht treiben. Von Wahn kann aber hier keine Rede sein. Denn der Eifersüchtige spürt genau, was „eigentlich" gespielt wird. Er reagiert auf das, was der andere verlogen zu verbergen sucht oder sich vielleicht selbst nicht eingesteht.

Eine etwas anders gelagerte Situation mit dem gleichen Effekt kann sein, wenn ich mich auf meinen Partner *nie wirklich einlasse:* Ich gebe mich nicht ganz, und ich nehme den anderen nicht ganz. Immer bleibt ein Vorbehalt, eine Art „Warten auf bessere Zeiten" (vielleicht mit jemandem anderen?). Diesen inneren Vorbehalt und dieses Fragezeichen spürt der Partner, und das kann bewirken, daß er „auf jede Kleinigkeit" mit Eifersucht reagiert. Weil ich nicht gebe, was sich der Partner wünscht, liegt es nahe, daß ihm der Verdacht kommt, ich brächte es anderswo hin ... Somit ist auch hier die Eifersucht keineswegs „grundlos", auch wenn sie nicht den Grund hat, der vermutet wird. Der Eifersüchtige spürt vielmehr, daß mit der Beziehung etwas hier grundlegend nicht (mehr) stimmt. Wenn also Eifersucht durchaus auch krankhaft sein kann, lohnt es sich doch immer zu fragen: Womit könnte ich dem anderen Anlaß sein, daß er Eifersuchtssymptome entwickelt? Oder auch: Könnte der Partner mit seiner „grundlosen" Eifersucht nicht auf ein Problem unserer Beziehung hinweisen, das ich vielleicht nicht wahrhaben will?

Zum Schluß noch ein – vielleicht etwas gefährlicher – Gedanke. Eifersucht zu provozieren kann auch etwas durchaus Konstruktives sein, ja sogar die Funktion eines „Heilmittels" haben (wenn es sozusagen in homöopathischen Dosen verabreicht wird!). Ein Bespiel dafür: Franz und Hildegard leben gut zusammen, aber es ist schon sehr ruhig zwischen ihnen geworden, man könnte auch sagen sterbenslangweilig. Da lernt Hildegard auf einer Fortbildung einen flotten jungen Mann kennen, der großes Interesse an ihr hat. Sie erzählt ihrem Franz mit leuchtenden Augen, wie fasziniert sie von diesem Adonis ist – und zu ihrem eigenen Erstaunen wird er rasend eifersüchtig. Es geschieht ein kleines Wunder: Ab diesem Tag ist Franz wie umgedreht. Aus dem behäbigen Herrn wird plötzlich wieder ein aufmerksamer, engagierter Partner, ja sogar ein recht ordentlicher Liebhaber ... Ich habe mir sagen lassen, daß so etwas vorkommen soll, und nicht zu selten! Dank der Eifersucht! Ein Glück also, daß es sie gibt!

Kriterien für die Einschätzung von Eifersuchtsreaktionen.

1. In der Eifersucht ist zunächst ein normales Gefühl zu sehen. Sie ist die natürliche Reaktion auf die Bedrohung der Liebe. Sie ist ein „Barometer der Liebe".

2. Man kann mit der Eifersucht sogar auf eine konstruktive Weise „spielen", indem man den Partner ein wenig eifersüchtig macht, um ihn aus Lethargie, Trägheit und Unaufmerksamkeit herauszureißen. (Freilich ist das immer auch ein Spiel mit dem Feuer!)

3. Wahnhafte – und damit krankhafte – Eifersucht beginnt dann, wenn sie zwei Merkmale aufweist:
- zwanghafte Fantasien ohne oder aus nichtigem Anlaß;
- Tendenzen zur Gewaltanwendung.

4. Man kann allerdings den Partner auch in eine wahnhaft erscheinende Eifersucht hineintreiben
- durch ein unehrliches Spiel mit Liebeleien, deren erotischer Charakter geleugnet wird;
- und/oder durch die (unausgesprochene, aber gelebte) Weigerung, sich auf die Beziehung zum Partner wirklich einzulassen.

🕮 Zum Weiterlesen:
Wolf Jordan: Die Eifersuchtsfalle. Neues Vertrauen und Selbstsicherheit finden. Herder, Freiburg 1996.

Wenn einer fremdgegangen ist …

Glaubt man statistischen Schätzungen, dann beläuft sich die Zahl der verheirateten Männer und Frauen, die im Laufe der Ehe ihrem Partner untreu werden, auf ungefähr fünfzig Prozent. Das ist ein erstaunlich hoher Anteil! Besonders erstaunt, daß die Frauen die Männer hier eingeholt haben. Sie geben sich offenbar nicht mehr damit zufrieden, daß mit zweierlei Maß gemessen wird. Die Doppelmoral früherer Zeit ist stark zurückgegangen. Zugunsten einer gleichberechtigten Unmoral? Daß mir spontan diese Frage kommt, zeigt, daß wir uns trotz der statistisch hohen Zahlen hier noch immer in einem tabuisierten Bereich bewegen. Darum wird unter Eheleuten in diesem Punkt nach wie vor geflunkert, angeschmiert und gelogen, daß sich die Balken biegen, und deshalb gibt es, wenn es herauskommt, die schlimmsten Beziehungstragödien von Nervenzusammenbrüchen über Handgreiflichkeiten bis zu überstürzten Trennungen.

Ich möchte darum versuchen, dieses Thema offen und zugleich nüchtern anzugehen. Wenn die Zahl der Seitensprünge und Außenbeziehungen so hoch ist, muß man auch offen darüber reden können. Die Tabuisierung bringt es mit sich, daß Menschen in dieser schwierigen Situation sehr oft allein dastehen und keine Hilfe haben. Darum möchte ich hier einige Hinweise geben, wie man die Dinge neu sehen und was man tun kann, wenn „es“ passiert ist.

Vom Wert der Treue

Vorweg ein paar Gedanken zur Treue. Für mich als Paartherapeut ist sie keineswegs passé. Ich mache die Erfahrung, daß die Treue einer Beziehung einen ganz besonderen Charakter verleiht. Es bedeutet ein hohes Maß an Intimität, wenn ich nur mit meinem Partner etwas so Persönliches wie die sexuelle Intimität teile und mit niemandem sonst. Damit wird ein Raum geschaffen, der nur für uns zwei ist, den niemand anderer betritt und betreten hat. Das hebt meine Partnerbeziehung als etwas Besonderes heraus vor allen anderen Beziehungen und verleiht ihr damit einen besonderen Wert, eine besondere Kostbarkeit.

Treue steht auch nicht notwendigerweise im Gegensatz zur Selbstverwirklichung. Wohl ist sie wahrscheinlich immer mit der Notwendigkeit von Verzicht und Beschränkung verbunden. Aber: In der Beschränkung zeigt sich der Meister. Dieses Sprichwort ist auch auf die Liebe anzuwenden. Liebe kann reifen und zur echten Hingabe werden, wenn es mir gelingt, meine Liebeskraft auf *einen* Menschen zu konzentrieren. Das verleiht der Liebe eine Tiefe, die in Beziehungen, in denen ich mich innerlich nicht festgelegt habe, nicht erreicht wird. Die Tiefe der Liebe korrespondiert aber mit der Erfahrung des subjektiven Glücks nicht in jedem Moment des Lebens, denn da bedeutet Treue wie gesagt auch Verzicht – aber sicherlich als tragende Grundstimmung.

Andererseits muß man eingestehen, daß diese Tiefe der Liebe oft nicht erreichbar oder wenigstens nicht sofort erreichbar ist, daß es auch Entwicklungen gibt, die über Umwege führen und daß wir eben auch manchmal nicht verzichten wollen oder sogar nicht verzichten können. Und so kommt es halt dann doch vor – ziemlich häufig sogar, wie wir gesehen haben. Für diejenigen, die es erleiden und diejenigen, die es tun oder getan haben, gebe ich darum hier ein paar Überlegungen.

Untreue verletzt

Ich finde es empfehlenswert, daß sich derjenige, der daran ist, sich auf eine Außenbeziehung einzulassen, bewußt macht, daß damit in seiner Ehebeziehung ein massives Ungleichgewicht entsteht. Wenn einer von beiden fremdgeht, ist das für denjenigen, der es erleidet, in der Regel sehr kränkend. Der Untreue erlebt eine Faszination und Leidenschaft, die sich der Treue vielleicht auch sehnlich wünscht – aber sie gelten nicht ihm, sondern jemandem anderen. Das ist schwer zu verkraften. Der Untreue sollte sich fragen: Wie ginge es mir in der Lage meines Partners? Ich erlebe immer wieder, daß mancher Untreue – öfter Männer, aber auch Frauen – vom Partner Toleranz erwarten oder sogar fordern, wenn sie fremdgehen, aber ihrerseits völlig durchdrehen, wenn der Partner dasselbe tut. Wenn ich mich in den anderen hineinversetze, macht mir das die Verantwortung bewußt, die ich trage, wenn ich einen solchen – kränkenden – Schritt tue.

Ich glaube, daß es hier eine geschlechtsbedingte Unterschiedlichkeit im Erleben gibt. Für Frauen ist in der Regel die Sexualität stärker mit Beziehung gekoppelt als für Männer. Diese haben eher das Gefühl, sie nehmen durch eine Außenbeziehung ihren Frauen nichts weg. Frauen erleben es anders. So sagte eine Gruppenteilnehmerin in einem Partner-Seminar zu ihrem untreuen Freund, der im Ausland lebte: „Solange du mir treu warst, hatte ich das Gefühl, daß wir eng miteinander verbunden waren, auch wenn du weit weg gewesen bist. Jetzt ist dieses Band, das uns umschlungen hat, zerrissen, auch wenn du dich noch so intensiv mir zuwendest, wenn du da bist.“ Männer können ihre innere Bindung und ihre Sexualität leichter voneinander trennen, vielleicht auch voneinander abspalten. Der Mann, der fremdgeht, muß also damit rechnen, daß – anders als für ihn – für seine Frau dieser Schritt höchstwahrscheinlich einen schwerwiegenden Einschnitt in die Beziehung bedeutet. Auch wenn es für ihn selber nicht so ist, so ist das eine Tatsache, die sich nicht wegdiskutieren oder ausreden läßt, und die ihre – vielleicht schwerwiegende – Auswirkung auf die gemeinsame Beziehung hat.

Aus beiden Punkten ergibt sich für mich als Konsequenz, daß der Untreue mit einer schweren Erschütterung seiner Ehebeziehung durch den Seitensprung rechnen muß, in der Regel einer schwereren, als er es selbst vielleicht empfindet.

Was fehlt in der Ehebeziehung?

Selten hat eine Außenbeziehung nichts mit der Ehe-Beziehung zu tun. Außenbeziehungen „passieren“ sehr oft dann, wenn in der Ehebeziehung etwas fehlt. Entweder die beiden haben zwar viel Geborgenheit und Sicherheit miteinander, aber wenig Erregung und Abenteuer, oder der eine dominiert, der andere ist ständig unterlegen, oder der eine gibt viel mehr in die Beziehung hinein als der andere. Das wirkt sich dann manchmal so aus, daß einer der beiden für sich diese „Schieflage“ auszugleichen versucht, indem er sich auf eine andere Beziehung einläßt. Das geschieht freilich meist nicht so bewußt, wie es hier klingt, aber wenn man genauer nachforscht, erkennt man es:

Der Untreue holt sich „draußen", was „drinnen" nicht mehr zu kriegen ist. Eine Außenbeziehung muß also nicht ein schreckliches Unglück und sie muß vor allem nicht das Ende der Ehebeziehung sein. Wenn man keine hektischen Schnellschuß-Entscheidungen trifft, sondern den Mut aufbringt, eine Zeitlang auszuhalten und gemeinsam hinzuschauen (zum Beispiel in einer Eheberatung), kann die Außenbeziehung zum Anlaß einer tiefgreifenden gemeinsamen Erneuerung der Ehebeziehung werden. Ich habe das schon oft erlebt: So schwer es war und so viel es durcheinander gewirbelt hat, im Endeffekt war die Außenbeziehung ein Segen, weil sie ein erstarrtes Ehegehäuse aufgebrochen, frischen Wind und neues Leben hineingebracht hat. Diese Wirkung freilich kann sie nur haben, wenn man darauf verzichtet, das „Fremdgehen" einseitig moralisch zu verurteilen und den schwarzen Peter dem Untreuen zuzuschieben. Dann vergibt man eine große gemeinsame Chance.

Wichtig scheint mir zu sein, einen Unterschied zu machen zwischen einem erotischen Abenteuer und einer längerfristigen Außenbeziehung. Wenn möglich sollte man aus dem ersten keine Tragödie machen. Das ist höchstwahrscheinlich nicht angemessen. Es genügt vielleicht, richtig wütend und sauer auf den anderen zu sein und eine angemessene Wiedergutmachung zu fordern oder aber in sich zu gehen und zu fragen, womit man den anderen provoziert hat, daß er fremdging. Das zweite – die längerfristige Außenbeziehung – sollte man allerdings sehr ernst nehmen und sich wirklich so lange damit auseinandersetzen, bis eine eindeutige Entscheidung für oder gegen die Ehe fällt. Sonst schlittert man in ein Doppelleben, in Unehrlichkeiten oder dauernde Verletzungen hinein, die mindestens für einen im Beziehungsdreieck, wenn nicht für alle drei, die Situation zur Hölle machen. Einen derart unwürdigen Zustand darf man nicht akzeptieren, wenn man sich selber etwas wert ist.

Sagen oder geheimhalten?

Zum Thema „Sagen oder geheimhalten?" kann man sehr schwer allgemeingültige Regeln aufstellen, aber vielleicht doch – als Annäherung an die Problematik – ein paar klare Aussagen machen:

– Wenn es sich bei der Außenbeziehung um eine so ernsthafte Beziehung handelt, daß sie der Untreue weiterführen will (oder von innen heraus „muß“), dann ist es nötig, den Partner einzuweihen, auch wenn es sehr weh tun wird. Man begibt sich sonst in eine verlogene Situation und nimmt dem Partner die Chance, sich mit zentralen Fragen auseinanderzusetzen, die durch diese Außenbeziehung auch bei ihm angesprochen sind.

– Manche „gestehen“ ihrem Partner die Untreue, weil sie von ihm eine „Absolution“ erhalten möchten. Sie haben ein schlechtes Gewissen und wünschen sich, daß der Partner sagt: „Ach, ist doch nicht so schlimm!“ Damit macht der Untreue den anderen zur Mami oder zum Papi, mißachtet ihn als ebenbürtigen Partner und sich selbst als eigenverantwortlichen Erwachsenen.

– Immer wenn durch eine Außenbeziehung deutlich wird, daß in der Ehebeziehung im Laufe der Zeit etwas Wichtiges verlorengegangen ist, was einmal da war (zum Beispiel lebendige Sexualität), sollte sie offen gemacht werden, weil man sich sonst um die große Chance der Wiederbelebung in der Ehebeziehung bringt.

Keine so klaren Aussagen kann ich machen, wenn die Dinge anders liegen, zum Beispiel: Da hat eine Frau, während ihr Ehepartner verreist war, eine kurze und sehr intensive Begegnung mit einem anderen Mann gehabt. Das hat ihr Selbstwertgefühl gestärkt, hat ihr neue, bisher nicht gekannte Seiten an sich gezeigt, sie mag sich als Frau wieder mehr und ist dankbar dafür. Beiden ist klar, daß sie die Beziehung nicht weiterführen werden. Für sie steht außer Frage, daß sie mit ihrem Mann leben will, auf dessen Rückkehr sie sich ehrlich freut. Muß sie es ihm nun „gestehen“? Könnte das nicht auch ihr Geheimnis bleiben, weil sie weiß, daß die Auswirkungen auf sie wirklich nur positiv sind, für ihren Mann aber, wenn er davon erfahren würde, die Sache sehr schwierig wäre? Für mich ist das eine Frage, die ich nicht generell beantworten kann. Es gibt „gute“ und „böse“ Geheimnisse. Die guten sind die, die etwas Wichtiges im eigenen Herzen bewahren und schützen, ohne dem anderen etwas zuleide zu tun. Die bösen dagegen wirken sich zerstörerisch auf das Beziehungsgefüge aus, weil sie ein Wissen verheimlichen, das die anderen für ihr Leben nötig bräuchten. Könnte man in dem angeführten Beispiel nicht von einem „guten“ Geheimnis sprechen, wenn die Frau sich entschließt, zu schweigen? Ich neige dazu, ja zu sagen.

Mir gefällt eigentlich sehr gut, was ich zu diesem Punkt eine Frau zu ihrem Mann sagen hörte: „Du sollst wissen: Wenn du fremdgehst, wird das für mich eine schlimme Verletzung sein. Wenn du trotzdem irgend einmal meinst, es aus irgendeinem Grund tun zu müssen, dann tu's, aber übernimm dann selber die volle Verantwortung dafür. Und: Behalt es bitte für dich, ich möchte von dir nicht damit behelligt werden!" Was meinen Sie zu einer solchen Haltung?

Regeln für einen angemessenen Umgang mit Seitensprüngen

1. Seitensprünge sind heute nichts Ungewöhnliches mehr – bei Männern wie bei Frauen. Schätzungen gehen davon aus, daß etwa 50 Prozent der Verheirateten im Laufe der Ehe ihrem Partner untreu werden. Dennoch werden sie von den Betroffenen in der Regel als schwerwiegendes Problem erlebt.

2. Treue wird also auch heutzutage als tragender Wert für eine Beziehung erlebt und angestrebt. Seitensprünge sind in jedem Fall keine Bagatelle, sondern je nach Dauer und Gewicht des Einzelfalls sehr ernst zu nehmen, weil sie auch etwas über die Beziehung und eventuelle Defizite aussagen.

3. Sich in der Schuldfrage zu verbeißen und gegenseitig moralische Vorwürfe zu machen, ist unergiebig und erschwert eine gute Lösung. Wenn nach den tieferen Ursachen innerhalb der Beziehung geforscht wird, kann ein Seitensprung Anlaß zur Neubesinnung und zum Neuanfang werden.

4. Um zu einer guten Lösung zu kommen, braucht es darum Zeit. „Entweder du brichst die Liebesbeziehung ab, oder es ist aus zwischen uns" – solche „Alles oder Nichts"-Strategien machen die Dinge nur noch schlimmer. Es braucht Kraft und Geduld, eine ungeklärte Situation einige Zeit auszuhalten!

5. Ein Seitensprung kann für eine Beziehung eine derartige Belastung darstellen, daß es hilfreich und angemessen ist, professionelle Hilfe – Beratungsstelle, Therapiegruppe, Paartherapie – in Anspruch zu nehmen.

🕮 Zum Weiterlesen:

Hans Jellouschek: Die Rolle der Geliebten in der Dreiecksbeziehung, Kreuz Verlag, Zürich 1997.

Hans Jellouschek: Warum hast du mir das angetan? Untreue als Chance. Piper, München 1997.

Körperliche Berührung außerhalb der Paarbeziehung

Meine langjährige Erfahrung aus therapeutischen Gesprächen hat mich zur Überzeugung gebracht, daß es Paarbeziehungen sehr gut tut, wenn beide Partner innige freundschaftliche Beziehungen zu anderen, Frauen und Männern, pflegen. In diesem Zusammenhang schrieb ich in meinem Buch „Die Kunst als Paar zu leben": „Ich meine hier nicht nur geistige Beziehungen, ich spreche auch von körperlichen Beziehungen im Sinn von Berührung, Umarmung und Körperkontakt ... Die Unersättlichkeit mancher Partner in der Zweierbeziehung hat wohl auch darin ihre Wurzeln, daß sich wegen der Tabuisierung jeglichen Körperkontakts außerhalb der eigenen Ehe und Familie das gesamte Bedürfnis danach auf den Partner konzentriert ... Eine neue körperlich betonte Beziehungskultur könnte Paare von ihrem überzogenen Totalanspruch heilen und ihnen viele Impulse und Anregungen vermitteln, die ihre Beziehung bereichern würde" (S. 88/89). Diese Sätze rufen bei den Leserinnen und Lesern immer wieder starke Reaktionen hervor, immer wieder werde ich bei Buchvorstellungen und Vorträgen damit konfrontiert. Sie reichen von erleichterter Zustimmung bis zu heftiger Ablehnung, wobei beiden Reaktionen meist gemeinsam ist, daß meine Aussagen im Sinn von außerehelichem Geschlechtsverkehr verstanden werden, obwohl ich davon hier ausdrücklich nicht rede.

Damit sind wir schon mitten in unserem Thema: Wenn von körperlicher Berührung unter Erwachsenen, die nicht nahe verwandt sind, die Rede ist, denken wir sofort an Sexualität. Bei Körperkontakt unter Frauen vielleicht weniger, auf jeden Fall aber bei Männern untereinander und natürlich bei Frau und Mann. Je nach Einstellung lacht man dann wissend oder verlegen darüber, lehnt das als Promiskuität ab oder begrüßt es als Befreiung von überholter Prüderie. Damit wird deutlich, daß wir hinsichtlich Körperkontakt unter Erwachsenen auf einen „Alles-oder-Nichts"-Standpunkt fixiert sind – bei ablehnender wie zustimmender Haltung gleichermaßen.

Demgegenüber möchte ich für eine neue und *differenziertere* körperfreundliche Beziehungskultur werben. In unserer Welt geht es trotz propagierter Freizügigkeit sehr distanziert zu. Oft geben wir uns schon gar nicht mal mehr die Hand, und wenn, dann als seelenloses Ritual ohne innere Beteiligung. Selbst „Küßchen rechts – Küßchen links", wie es neuerdings unter Freunden verschiedenen Geschlechts wieder üblich geworden ist, läuft derart unpersönlich und flüchtig ab, daß dadurch so gut wie kein Kontakt entsteht. Oft gucken sich die beiden nicht mal an dabei. Natürlich ist körperliche Distanz auch ein Schutz vor ungewollten Eindringlingen in die Intimsphäre. Aber dieser Schutz ist zum Gefängnis geworden. Wir sind keine reinen Geistwesen. Kontakt und Nähe ist für uns mit körperlicher Berührung verbunden. Reduziert sich der Körperkontakt, spüren wir uns nicht mehr und beginnen, uns einsam zu fühlen. Die täglich geübte körperliche Distanz wird zu einer Haltung, die sich auch in den Privatbereich ausdehnt. Ständig höre ich in meiner Arbeit mit Paaren vor allem von den Frauen die Klage, daß so wenig „läuft", so wenig körperliche Berührung, so wenig Zärtlichkeit, Sich-Halten und Kuscheln miteinander. Und wenn, dann nur mit der einen Absicht, nämlich Sex. „Das kann ich nicht, das geht bei mir nicht so schnell", sagen die Frauen dann und wehren sich. Die Männer fühlen sich zurückgestoßen, und die Distanz zwischen den beiden wird nur noch größer. Körperkontakt zwischen Frauen und Männern, der über ritualisierte Konvention hinausgeht, gerät heutzutage sofort in den Bannkreis direkter Sexualität. Das übrige Leben läuft demgegenüber extrem unkörperlich kontaktlos. Das meine ich mit „Alles oder Nichts", und das ist ein Zustand, unter dem viele bewußt oder unbewußt leiden.

Früher war das wohl anders. Da brachten es die Verhältnisse mit sich, daß das Leben insgesamt körperlicher verlief. Man hockte sich näher auf der Pelle, es war gar nicht zu vermeiden, viel mehr Körperkontakt miteinander zu haben als heute. Das schaffte aber andererseits ein Gefühl von Eingebundensein und Geborgenheit, von Vertrautheit und Nähe. Wahrscheinlich kam das den eigentlichen Sexualbeziehungen sehr zugute, obwohl diese als solche mit viel mehr Tabus umgeben waren als heute.

Wir wissen heute auch, daß kleine Kinder schwere Schäden davontragen, wenn sie nicht genügend gehalten und liebevoll berührt werden. Das Baby kommt durch die Berührung überhaupt erst zu sich und entwickelt dadurch sein Selbst-Bewußtsein in doppeltem Sinn: Es wird sich seiner bewußt und entwickelt Selbstwertgefühl. Das wußten die Mütter früherer Generationen instinktiv, doch in den Jahren nach dem Krieg, im rasanten Fortschritt des Wirtschaftswunders, drohte dieses Wissen verloren zu gehen. Man stillte die Kinder nicht mehr, weil es mit Babynahrung praktischer ging, man ließ sie schreien, um sie an den gewünschten Essens-Rhythmus zu gewöhnen, und rechnete sich als Erziehungserfolg an, wenn sich der Kleine im Ställchen selbst beschäftigte, statt auf den Arm zu wollen. An den Folgen dieser „modernen" Erziehung haben viele heute noch zu tragen. Zum Glück haben wir diese Phase überwunden. Bezüglich der Kinder hat es sich herumgesprochen, daß sie es brauchen, gestreichelt, gehalten und liebkost zu werden, um sich gesund zu entwikkeln.

Aber im Blick auf uns Erwachsene ist es noch immer anders. Wir tun uns – Folge jener Nachkriegserziehung? – immer noch schwer damit. Daß wir *Sexualität* brauchen, das hat uns allerdings die sexuelle Befreiungsbewegung seit den Fünfzigerjahren eingehämmert, so sehr, daß daraus sogar neue Zwänge entstanden sind. Wir haben die Körperlichkeit im zwischenmenschlichen Kontakt verlernt, und alle Bedürfnisse, die hier unerfüllt bleiben, richten sich jetzt auf die Sexualität – und diese wird damit total überfrachtet. Aus therapeutischen Gründen „verordne" ich manchmal Eheleuten eine Zeitlang sexuelle Enthaltsamkeit. Meist können sich vor allem die Männer überhaupt nicht vorstellen, daß sie das durchhalten werden. Aber meist gelingt das nicht nur ohne große Probleme, oft sind sie sogar erleichtert, daß sie in dieser Zeit nicht „wollen müssen". Das ständige angeblich so starke sexuelle Bedürfnis stellt sich in Wahrheit als eine kollektive Norm heraus, von der sie angetrieben werden!

Die erwähnte Übung der sexuellen Enthaltsamkeit läßt die Partner häufig erst entdecken, daß es noch viel mehr Möglichkeiten gibt, sich körperlich zu begegnen, als im sexuellen Akt. Sie beginnen in lustvoller Weise damit zu experimentieren, was mit Händen, Armen, Beinen und im Hautkontakt miteinander möglich ist. Das war durch die Fixierung auf Sex vorher bei beiden blockiert. Das Hinstarren auf das Schlafen-Miteinander – beim einen mit Angst, beim andern als Wunsch (oder Pflicht?) – verdeckt nur die verbreitete und tief sitzende Angst vor wahrer Körperlichkeit. Partner müssen sich als körperliche Wesen oft überhaupt erst entdecken, auch wenn sie schon jahrelang zusammen leben. Wenn sie lernen, sich ohne zwingende Zielrichtung auf Sex hin zu betasten, zu fühlen, zu riechen, in die Augen zu schauen, den Atem des anderen zu spüren usw., wird die vollzogene Sexualität oft nicht nur schöner und intensiver, interessanterweise wird sie für beide, Frauen *und* Männer, was die Häufigkeit angeht, manchmal sogar weniger wichtig, weil beide dann über ein breiteres Spektrum körperlicher Lust und Befriedigung verfügen.

Der Hunger nach Berührung

Wir sollten nicht meinen, daß nur Kinder für ihr seelisches Gleichgewicht Körperkontakt brauchen. Der Hunger danach sitzt auch in uns Erwachsenen tief. Er richtet sich *auch* auf Sexualität, aber keineswegs nur, er ist viel umfassender. Eric Berne, der Gründer der Transaktionsanalyse, einer weit verbreiteten Therapiemethode, sprach in seiner Theorie von verschiedenen Arten „existentiellen Hungers" beim Menschen, und dazu rechnete er als einen der fundamentalsten den Hunger nach „strokes", der den Menschen durch sein ganzes Leben begleitet und ihn in allen möglichen Variationen nach Stillung drängt. Mit dem Wort „stroke" meint Berne das liebevolle Streicheln, also einen sowohl körperlichen als auch mentalen Vollzug von Zuwendung. Im Englischen erscheint das Wort sowohl in der Einwie in der Mehrzahl, was sich so nicht gut ins Deutsche übertragen läßt. Unglückseligerweise wählte man in den Übersetzungen deshalb den seelenlosen Ausdruck „Streicheleinheit(en)"; so ist der Begriff in unsere Umgangssprache eingegangen und meint nun eigentlich nur noch taktisch eingesetztes Lob. „Der braucht heute wieder seine Steicheleinheiten", oder „Gib ihr halt noch ein paar Streicheleinheiten (- dann wird sie schon Ruhe geben!)", und ähnliche Wendungen begegnen uns häufig, allesamt mit einem abwertenden Unterton. So ziehen wir die ursprüngliche Bedeutung ins Lächerliche und distanzieren uns ironisch von dem, was Berne eigentlich gemeint hat: von unserer existenziellen Angewiesenheit auf köperliche Berührung.

Damit tun wir uns aber nichts Gutes.Wenn wir diesen existenziellen Hunger nicht stillen, „verhungert" etwas in uns. Zwischen dem Mangel an „strokes" und körperlich-seelischen Störungen gibt es vielfältige Zusammenhänge. Daß Unruhe, Verspannungen und nervöse Schmerzzustände daher rühren können, leuchtet unmittelbar ein. Aber Mangel an Berührung kann auch regelrecht krank machen, körperlich und seelisch. Beispielsweise haben Depressionen damit zu tun. Wer auf Dauer nicht berührt wird, stellt sein Bedürfnis danach irgendwann mal ab. Mit dieser Unterdrückung verliert er ein klares Gefühl von sich selber. Sich aber nicht mehr richtig zu spüren, ist ein Hauptmerkmal depressiver Erkrankung. Oder, um ein weiteres Beispiel zu nennen, der ungestillte Hunger nach Berührung sucht zerstörerische Ersatzbefriedigungen: Wir beginnen zu rauchen, zu trinken, zu viel zu essen. Süchte haben immer auch mit Mangel an körperlicher Zuwendung zu tun.

Auch da, wo Menschen bereits krank sind, haben körperliche Berührungen oft eine viel größere Bedeutung, als wir es in der Regel beachten und als es in unserem Apparate-bestimmten Gesundheitswesen zur Geltung kommt. Eine schwere Krankheit aktiviert in uns sehr elementare, „kindliche" Bedürfnisse. Ein zartes Streicheln über die Stirn, ein festes Halten der Hand oder eine Fußmassage helfen dem Kranken manchmal besser als Tabletten, weil sie über die häufig beobachtbare tatsächliche Schmerzlinderung (ohne Nebenwirkungen!) hinaus Beziehung herstellen und Geborgenheit vermitteln, die der Kranke so nötig braucht.

Berührung bringt Bewegung

Interessant ist, daß eine ganze Reihe von alternativen Heil- und Therapieverfahren mit Berührung arbeiten: Bei der Feldenkrais-Einzelarbeit, in der Bioenergetik, im Hakomi, in der Kraniosakral-Therapie, in der Kinesiologie, beim Reiki, um nur einige zu nennen, spielen jeweils unterschiedliche, methodisch eingesetzte Berührungen eine zentrale Rolle. Dadurch – so der Anspruch – sollen die körper- und seeleneigenen Heilkräfte des Patienten aktiviert werden. Oft hat man den Eindruck, daß auch die konventionelle Krankengymnastik oder Heilmassage eher wegen der einfühlsamen Berührung des Masseurs aufgesucht wird als wegen der Effekte, die sie der Theorie nach haben soll. So gesehen fällt übrigens auch ein überraschendes Licht auf jene Evangelienberichte, die von Jesu Heilungstätigkeit durch Hand-Auflegen berichten. Die Heilwirkung durch Berührung scheint nicht ganz so „übernatürlich" zu sein, wie die Tradition es darzustellen pflegt. Möglicherweise würden sich manche Menschen kostspielige Heilverfahren sparen, wenn es ihnen gelänge, in ihrer unmittelbaren Umgebung eine neue Kultur des Streichelns, Berührens, Anfassens und Haltens aufzubauen.

Die Sprache ist ja, wie so oft, auch hier verräterisch. Im Wort „berühren" steckt „rühren" und das wiederum hat mit „bewegen" („sich rühren", „rührt euch!") zu tun. Berührung bringt demnach eine Bewegung hinein, und dies in einem zweifachen Sinn: einmal körperlich, und zum anderen hat „rühren" genau wie „bewegen" auch eine seelisch-emotionale Bedeutung: Wir sprechen von Rührung und innerer Bewegung. Das heißt: Durch Berührung beginnt sich im Menschen etwas zu bewegen, körperlich und gefühlsmäßig, und diese Bewegung ist heilsam, denn das Gegenteil der Bewegung sind ja die Starre und die Erstarrung, und wieviele Erkrankungen haben mit Starre und Erstarrung zu tun! Wer sich nicht „berühren" läßt oder nicht „berührt" wird, ist der Krankheit also näher als der Gesundheit!

Ich habe bisher hauptsächlich von der körperlichen Beziehungskultur zwischen Lebenspartnern gesprochen, und davon, daß es uns gut täte zu lernen, daß zwischen Null (keine Berührung) und Hundert (sexueller Akt) nicht ein einziger Schritt ist, sondern hundert Stufen des Körperkontakts liegen. Nun plädiere ich dafür, und damit kehre ich an den Anfang zurück, daß es außer dem Lebenspartner auch andere erwachsene Menschen in unserem Leben geben sollte, mit denen wir uns auf dieser Skala bewegen. Berührung und Körperkontakt schaffen das Gefühl von Nähe, Intimität und Geborgenheit. Wenn der Lebenspartner die einzige Quelle dieser Erfahrung ist, wird er überfordert. Tatsächlich ist es aber so, daß sich Lebenspartner, wenn sie nicht gleich „fremdgehen", gegenseitig oft zu dieser einzigen Quelle machen. Früher war das einzelne Ehepaar viel stärker in die Verwandtschaft eingebettet. Die Nähe zu Eltern und Geschwistern war sogar oft inniger als die der Partner untereinander – und niemand fand etwas dabei. Das war eine große Entlastung für das Paar! Das Wohl und Wehe der Partner hing nicht allein davon ab, ob sie miteinander harmonierten. Heutzutage lebt eine Großzahl von Paaren weitab von ihren Verwandten. Der Konflikt der Generationen und unsere heutigen Anschauungen von Ablösung haben ein Übriges dazu getan, daß die Großfamilie für sie kaum als Quelle körperlicher

Zuwendung in Frage kommt. Das gesamte Bedürfnis nach „strokes" richtet sich nun auf den Partner! Selbst wenn er bereit ist, viel zu geben, hilft das nicht immer, denn sein Repertoire ist begrenzt, und oft bräuchten wir gerade das, was ihm nicht zur Verfügung steht. Das ist der Grund, warum ich sage, daß viele Ehekrisen gar nicht erst entstünden, wenn beide Partner heute, statt in die Großfamilie, eingebettet wären in ein Netzt von Freunden/-innen, mit denen sie auch körperlichen Kontakt pflegen. Dadurch entstünde, was heute in der Lebenswelt der Vorstadt- und Neubausiedlungen so oft vermißt wird: Wärme, Nähe und das Gefühl von Eingebettetsein, und die Hauptbeziehung würde vor Überforderung geschützt.

Alte Muster überwinden

Meiner Meinung nach hat die Bewegung der Humanistischen Psychologie hier große Verdienste. Von ihr inspiriert haben viele Menschen an Sensitivity-Trainings, Encounter-Gruppen und Selbsterfahrungsworkshops teilgenommen und hier gelernt, Beziehungen nicht nur „geistig" zu pflegen. Wir selbst, meine Frau und ich, sind auch durch diese „Schule" gegangen, und im Umgang mit unseren Freunden, die ebenfalls von daher beeinflußt sind, ist es üblich geworden, daß wir uns bei Begrüßung und Abschied in die Arme nehmen und küssen (und zwar richtig und nicht nur als flüchtiges Ritual), daß wir uns halten und trösten, wenn es einer braucht, daß wir uns um den Hals fallen, wenn wir uns freuen, oder daß wir uns streicheln, wenn uns danach ist. Ich habe da zum Beispiel gelernt, was mir von meiner eigenen Erziehung und Sozialisation her völlig unbekannt war, wie schön und genußvoll die feste Umarmung und zärtliche Berührung mit einem anderen Mann sein kann! Auch eine andere Frau als meine eigene zu drücken und ihren Körper zu spüren, wäre von meiner Herkunft her völlig unmöglich gewesen. Im meinem jetzigen Milieu ist es möglich, und es hat zur Verbesserung meiner subjektiven Lebensqualität erheblich beigetragen. Aus meiner eigenen Erfahrung weiß ich, daß es der Beziehung zum Lebenspartner nur guttut, wenn Zärtlichkeit und Körperkontakt in dieser Weise „auf eine breitere Basis" gestellt werden. Das vielfältigere Geben und Nehmen von Sich-Halten und Berühren entlastet die Hauptbeziehung und liefert ihr vielfältige Anregungen. Die beiden Partner bekommen eine zusätzliche „Nahrungsquelle", aus der sie auch füreinander wieder mehr schöpfen können.

Und außerdem: Auch die Kinder werden dadurch entlastet. Nur zu häufig passiert es ja, daß sie „Ersatzpartner" werden. Wenn zwischen den Partnern nicht mehr viel läuft, holen sich diese gern die Zärtlichkeit „heimlich" von ihren Kindern. Natürlich ist es nicht verwerflich, daß wir die Körperwärme und Zartheit unserer Kinder auch genießen. Aber es macht einen Unterschied, ob wir sie nur genießen oder ob wir sie auch „brauchen", weil wir ausgehungert sind. In diesem Fall nämlich *miß*brauchen wir die Kinder, auch wenn unser Körperkontakt so gut wie nichts mit Sexualität zu tun hat. Kinder dürfen nicht für unser Bedürfnis nach Körperkontakt herhalten, dazu brauchen wir erwachsene Partner. Kinder sollen von uns – auch körperlich – bekommen dürfen, aber nicht geben müssen. Und gerade damit wir das können, sollte unser Ehepartner nicht die einzige Quelle sein, auf die wir auf Gedeih und Verderb angewiesen sind.

Aber! Während ich dies schreibe, höre ich viele von Ihnen schon seit geraumer Zeit „aber" sagen: Aber wo sind da die Grenzen, daß nicht jeder mit jedem ...? Kommen wir nicht in Teufels Küche mit einer solchen Freizügigkeit? Also sind wir unvermeidlich doch wieder bei der Sexualität gelandet! Ich habe mich mit dieser Frage sehr eingehend im anfangs erwähnten Buch auseinandergesetzt. Ich möchte das hier nicht wiederholen, aber doch noch ein paar persönliche Bemerkungen dazu machen. Ich habe in meiner Umgebung tatsächlich erlebt, daß manchmal ein rechtes Durcheinander entstand. Es gab so etwas wie eine Zeit des Experimentierens, und das schaffte Unsicherheit, aus der heraus auch Verletzungen zugefügt und nicht immer alles gut auf die Reihe gebracht wurde. In letzter Zeit hat sich dies aber konsolidiert – und das scheint mir eine generelle Entwicklung in jenen Kreisen zu sein, die mehr Körperkontakt miteinander pflegen. Wir sind sehr achtsam darauf geworden, daß es Differenzierungen und Grenzen gibt: Bei aller Nähe und Körperlichkeit mit den Freunden/-innen ist die Sexualität dem Lebenspartner vorbehalten, weil ein Teilen in diesem Bereich Intimität nicht fördert, sondern zerstört. Würde sich das nicht mehr durchhalten lassen, wäre eine ernsthafte Konfliktsituation gegeben, mit der sich die Beteiligten offen auseinandersetzen müßten. Das Netz aus Nähe und Geborgenheit in einem über die Paarbeziehung hinausgehenden größeren Kreis zerreißt nur dann nicht, wenn die verschiedenen Verknüpfungen darin sehr genau voneinander differenziert und abgegrenzt werden. Wir sind der Überzeugung, daß ein undifferenziertes Kreuz und Quer von sexueller Intimität die geschilderte Lebensform zerstören würde.

Bereicherung der Paarbeziehung

Als Menschen sind wir unseren Triebimpulsen nicht einfach ausgeliefert. Unter normalen Umständen haben wir immer noch die Disposition darüber, wie wir dem, was sich in uns regt, Ausdruck verleihen wollen. Gerade, wenn wir gelernt haben, uns auf der *ganzen* Skala der körperlichen Zärtlichkeiten zu bewegen, spüren wir, daß auch ein durchaus erotisches Gefühl nicht im sexuellen Akt enden *muß*. Man kann ihm auch authentisch und stimmig in einer herzlichen Umarmung ohne weitere „Folgen" Ausdruck verleihen. Würden wir uns in dieser Hinsicht mehr erlauben, gäbe es insgesamt weniger Frust und Gier, weniger Ausbüchsen in heimliche Nebenbeziehungen und vielleicht sogar weniger Gewalt und Brutalität. Das Leben insgesamt wäre erotischer und friedlicher. Verzicht gehört an den besagten Grenzen zu dieser „freizügigen" Lebensweise wie gesagt freilich dazu, aber trotz oder gerade wegen dieses Verzichts wird ein Leben mit mehr Berührung insgesamt bunter und wärmer als das unselige Hin- und Herpendeln zwischen dem „Alles oder Nichts".

Empfehlungen für eine körperfreundliche Beziehungskultur

1. Wie sehr es ein menschliches, naturgegebenes Grundbedürfnis, ein existentieller Hunger ist, berührt zu werden, war generationenlang in Vergessenheit geraten. Die Humanistische Psychologie hat diese Seite der menschlichen Natur wiederentdeckt, gut erforscht und sogar eine Vielzahl von Therapieformen daraus entwickelt.

2. Wo dieser Hunger nicht wahrgenommen, ernstgenommen und einigermaßen zufriedenstellend befriedigt wird, verkümmert etwas im Menschen. Ersatzhandlungen sind normalerweise die Folge. Es ist darum für das körperliche wie für das seelische Wohlbefinden hilfreich, körperliche Berührung zu suchen und zu pflegen. Dabei ist es in unserer sexualisierten Kultur hilfreich, sich

klarzumachen, daß körperliche Berührungen zwar einen sinnenfreudigen Umgang miteinander fördern, daß sie aber keineswegs immer in unmittelbarer Verbindung zu Erotik und Sexualität stehen oder dahin führen „muß".

3. Paare, die versuchen, die Bedürfnisse nach körperlichem Berührtwerden nach außen unter Verschluß zu halten und nur innerhalb der Paarbeziehung zu stillen, überfordern sich in der Regel. Körperbetonte Beziehungen zu Freundinnen und Freunden sind darum hilfreich, entlastend und anregend – auch für die eigene Beziehung.

4. Auch in einer körperfreundlichen und körperbetonten Beziehungskultur – und gerade da! – lassen sich ohne Krampf klare Grenzen zu sexueller Intimität ziehen und einhalten.

5. Körperliche Berührungen von Mann zu Mann und von Frau zu Frau haben eine eigene Qualität und stellen eine wichtige Facette innerhalb des gesamten Spektrums der Berührungsmöglichkeiten dar. Die Angst vor Homosexualität ist dabei völlig unbegründet.

📖 Zum Weiterlesen:
Jan Stewart/Vann Joines: Die Transaktionsanalyse. Eine neue Einführung in die Transaktionsanalyse. Herder, Freiburg. Darin das Kapitel „Strokes", S. 116–135.

Krisen sind Entwicklungschancen

In einem Seminar für Führungskräfte, das ich leitete, bekamen die Teilnehmer als Aufgabe, eine „Lebenslinie" zu malen, welche die „Hochs" und „Tiefs" ihrer bisherigen Laufbahn zum Ausdruck und ins Bewußtsein bringen sollte. Herr K. hatte in seiner Linie zum Zeitpunkt vor etwa vier Jahren einen ganz tiefen Einschnitt markiert. Danach ging die Linie steil bergauf und hielt sich bis in die Gegenwart auf einer Höhe, die sie niemals zuvor erreicht hatte. Ich fragte: „Was ist denn da geschehen?" Antwort: „Da hat meine Frau einen Freund gehabt. Das hat mich total ins Schleudern gebracht!" – „Und wieso geht danach die Linie so steil in die Höhe?" – „Ich war damals viel auf Montage weg, hab wenig für meine Karriere getan, bin ziemlich heruntergekommen, hab viel gesoffen, in Kneipen herumgehangen, war wenig zu Hause. Als das mit dem Freund herauskam, hab ich zuerst ziemlich durchgedreht. Dann hab ich mir gesagt: Eigentlich geschieht dir recht. Ist die logische Konsequenz aus deinem Verhalten! Dann hab ich aufgehört zu trinken, hab mich auf eine Stelle im Innendienst beworben, bin nicht mehr zum Stammtisch gegangen, war mehr Zeit zu Hause und bin einem Chor beigetreten. Den leite ich seit einem Jahr. Mit einem Wort: Ich hab etwas aus mir gemacht!" – „Und die Außenbeziehung Ihrer Frau?" – „Also, wir haben nie wieder darüber gesprochen. Aber ich bin sicher, der Freund spielt keine Rolle mehr. Wir haben's jetzt wieder ganz gut miteinander!"

Ich muß sagen, ich war platt. Normalerweise erlebe ich in solchen Fällen vor allem bei den Männern, daß es beim Durchdrehen bleibt, daß sie anklagen und die Frau moralisch fertig machen oder unwürdig zu jammern und betteln beginnen. Auch Herr K. steckte es keineswegs cool weg. Aber er zog handfeste Konsequenzen aus der Krise. Er machte daraus für sich eine Herausforderung, seinem Leben eine neue Richtung zu geben. Damit rettete er auch seine Beziehung. – „Es war schwer, aber heute bin ich froh, daß mir das damals passiert ist. Ich hätte sonst vielleicht die Kurve nicht mehr gekriegt", so kommentierte Herr K. den Vorfall und drückte damit eine wichtige Erfahrung aus: Krisen sind Entwicklungschancen – wenn sie als solche genutzt werden.

Krisen stiften Chaos

Paarbeziehungen haben wie alle menschlichen Beziehungsgefüge die Tendenz, sich auf ein gewisses Gleichgewicht einzuspielen. Dieses Gleichgewicht brauchen wir, um uns im Leben sicher zu fühlen und die Wirklichkeit als berechenbar zu erfahren. Es besteht aber die Gefahr, daß wir im Lauf der Zeit darin erstarren. Über Herrn K.'s Beziehung habe ich erfahren, daß seine Frau immer unzufrieden war und ihm Vorwürfe machte. Deshalb entzog er sich – in den Beruf, ins Trinken, zu seinen Kumpels. Daran entzündeten sich die Unzufriedenheit und die Vorwürfe der Frau von neuem, worauf der Mann wiederum mit Ausweichen und Rückzug reagierte und so fort. Diese Art von Gleichgewicht ist unbefriedigend, kann aber über Jahre hin stabil bleiben. Beide leiden darunter, der eine meist mehr, der andere weniger, aber sie finden keinen Weg, sich daraus zu befreien. Wenn dann etwas passiert wie in unserem Fall die Außenbeziehung der Frau, kippt das Gleichgewicht plötzlich. Kurze Zeit entsteht Chaos: Alle Abläufe geraten durcheinander und die Gefühle wogen hoch. Das alte Beziehungsmuster ist aufgelöst. Das ist für alle Beteiligten sehr ängstigend und verwirrend, aber es bedeutet eben auch zugleich die Chance, etwas Neues zu finden. Im Fachjargon sagen wir: Beziehungskrisen fordern das Bewältigungspotential des Paares heraus. In unserem Fall: Herr K. sieht plötzlich, wie er sich hat herunterkommen lassen. Er aktiviert seine Selbstachtung und seinen Ehrgeiz und nimmt sein Leben in die Hand. Auch die Frau aktiviert neue Kräfte: Sie hält in der Krise stand. Sie könnte auch mit dem Freund davonlaufen oder im Gegenteil die Beziehung zu ihm schnell abbrechen, sozusagen ungeschehen machen. Beides tut sie nicht, weder weglaufen noch klein beigeben. Es ist für beide hart, die Spannung auszuhalten, aber es lohnt sich schließlich. Das Chaos ordnet sich allmählich zu einem neuen Muster. Der Mann wird wieder attraktiv für die Frau, eine neue Phase des Zusammenlebens kann beginnen.

In unserem Beispiel ist es offensichtlich, daß das vorausgehende „Gleichgewicht" des Paares ein äußerst unerquickliches war. Bei anderen Paaren kann es sein, daß sie erst im nachhinein die Erstarrung bemerken, in die sie im Laufe der Zeit hineingeraten sind. Sie haben ganz zufrieden und ruhig „vor sich hin" gelebt – da gerät plötzlich einer von beiden durch einen Unfall in akute Lebensgefahr. Das rüttelt beide wach. Sie sehen, wieviel sie aneinander haben, aber wie wenig sie in letzter Zeit dafür getan haben, wie wenig sie sich in der letzten Zeit wirklich noch begegnet sind und offen füreinander waren. Die akute Bedrohung läßt die beiden vor dem Ausmaß ungelebten Lebens zwischen ihnen erschrecken – und dieser Schock läßt die Glut wieder entdecken, die unter einer dicken Ascheschicht schon zu erstikken drohte.

Die Liebe zu einem Dritten oder eine tödliche Bedrohung – das sind nur zwei Beispiele von vielen. Es gibt zahlreiche andere Ereignisse, die für eine Paarbeziehung zu Krisen werden können: Da versagt ein Kind in der Schule, da stirbt der geliebte betagte Vater oder die hochverehrte alte Mutter, oder ein Partner wird schwer krank oder verliert seinen Arbeitsplatz. Das alles sind vorhersehbare und unvorhersehbare kritische Lebensereignisse. Sie erschüttern in der Geschichte eines jeden Paares immer wieder die eingespielten Abläufe, die Beziehungsmuster und Alltagsgewohnheiten.

Freilich gerät dabei nicht nur das ungut Erstarrte durcheinander – wie in unseren Beispielen. Wenn der Arbeitsplatz verloren geht, ein geliebter Mensch stirbt, die Gesundheit für immer angeschlagen bleibt, dann wird auch das bisher gute und lebendige Zusammenspiel, in dem sich alle wohlfühlten, gestört oder sogar zerstört. Wir sind vielleicht mit unwiederbringlichen Verlusten und nicht mehr rückgängig zu machender Zerstörung konfrontiert und müssen manches, was uns bisher lebensnotwendig schien, loslassen.

Aber auch in solchen Fällen, in denen das Paar- und Familiengleichgewicht keineswegs erstarrt oder in Schieflage war, berichten Menschen immer wieder, daß ihnen daraus Neues, Lebendigeres, Tieferes entstanden ist. Manchmal sagen sie sogar in der Rückschau: „Ich bin dankbar, daß mir das damals geschehen ist ..." „Dieser Verlust war sehr schmerzlich, aber er hat uns weiter gebracht ..." Sogar die unheilbare Erkrankung eines der Partner kann die beiden angesichts des Todes in eine Tiefe ihrer Liebe führen, zu der sie ohne diese Bedrohung niemals vorgedrungen wären.

Hilfreiche Haltungen in Krisen

Krisen in der Beziehung – sie können tatsächlich zu einer Chance neuer Lebendigkeit werden, freilich nicht automatisch. Manchmal werden Partner durch sie nur noch härter und liebloser. Sie eskalieren durch die Krise in ihren negativen Mustern noch unerbittlicher als jemals zuvor und kommen dadurch gar nicht mehr zusammen. Damit Krisen Wachstums-Krisen werden, braucht es bestimmte Einstellungen und Verhaltensweisen der Betroffenen, und diese möchte ich nun noch kurz charakterisieren:

1. Es braucht in der Krise die Hoffnung oder den „Glauben", daß man dem Leben in all seinen Facetten einen Sinn abgewinnen oder abringen kann: „Es gibt immer wieder neue Möglichkeiten, auch wenn ich sie im Moment nicht spüre oder sehe." Man kann diese Haltung eine religiöse Einstellung zum Leben nennen, auch wenn sie sich zu keiner verfaßten Religion oder Konfession bekennt. Sie beinhaltet das grundlegende Zutrauen, daß das Schicksal mir nicht kalt oder grausam gesonnen ist, sondern letztendlich freundlich. Man kann eine solche Haltung, die durch „handfeste Daten" kaum zu begründen ist, natürlich auch niemandem „vorschreiben". Aber Menschen berichten immer wieder, daß ihnen im Hindurchgehen durch Krisen eine solche Einstellung möglich geworden ist.

2. Selten läßt sich in einer Krise der Zustand *vor* der Krise wieder herstellen. Vom Zustand *vor* der Krise müssen wir Abschied nehmen. Wenn das ein unguter Zustand war, ist es nicht schwer. Aber manchmal, wenn wir etwas sehr Kostbares durch die Krise verloren haben, ist es sehr hart und dauert darum auch seine Zeit. Ist dieser Abschied dann vollzogen, geht es darum, in der Beziehung *neue* Möglichkeiten des Zusammenlebens zu finden. Krisen fordern uns heraus, in der Entwicklung weiterzugehen: „Wir sind heute – nach der Krise – an einem ganz anderen Punkt in unserer Beziehung als wir vorher waren!"

3. Dazu braucht es eine gewisse Kreativität und eine aktive Auseinandersetzung mit der Krise, anstatt nachhaltig in Depression und Passivität zu versinken. Um sich deutlich zu machen, was damit ge-

meint ist, erinnere man sich wieder an das Beispiel des Herrn K., das im Prinzip für jede, auch ganz anders geartete Krise gilt: Er verwandelte den Tiefschlag, den er erhalten hatte, in positive Handlungsenergie für sich und die Beziehung. Er „räumte auf" und „packte an".

4. Darin wird eine durchaus kämpferische Haltung deutlich, die aber keine Abwehrhaltung ist, jedenfalls nicht auf Dauer. Viel mehr als ein „Dagegen" ist es ein „Mitgehen" – wenn vielleicht auch eine Zeitlang mit Heulen und Zähneknirschen. Es geht darum, nicht die Energie zu vergeuden, indem man sich gegen die Krise wehrt oder frühere Zeiten herbeisehnt, sondern darum, sie ins Finden neuer Einstellungen und Wege zu investieren. Herr K. sagte sich: „Ich kann den Kerl nicht umbringen, und ich kann meine Frau nicht zwingen, ihn nicht mehr zu lieben. Ich kann nur dafür sorgen, daß ich wieder attraktiv für sie werde." Oder an einem anderen Beispiel: „Ich kann meine Frau nicht gesund machen. Aber ich kann durch die Krankheit lernen, was sie sich immer gewünscht hat: daß ich in der Beziehung etwas mehr ein Gebender werde, nachdem ich bisher von ihr hauptsächlich genommen habe."

5. Eine große Hilfe in der Krisenbewältigung ist die Kooperations- und Unterstützungsbereitschaft der Partner. „Wir halten zusammen!" Oder: „Wir machen oder tragen es miteinander!" Das läßt sich freilich nicht in jeder Art von Krise machen. In einer Untreue-Krise ist für den „Betrogenen" eher Abgrenzung als Kooperation angesagt. Aber auch in Krisen dieser Art gilt: Ich kann den Untreuen zum Beispiel heruntermachen und beschuldigen – und damit alles nur noch schlimmer machen, oder ich kann ihm gegenüber ein gewisses Maß an Fairneß und Achtung aufrechterhalten, das ihm ermöglicht, sich seinerseits realistisch mit der Situation auseinanderzusetzen.

Wenn ich in der Krise den Partner gegen mich oder gleichgültig und uninteressiert erlebe, erschwert das die Bewältigung oft im Übermaß. Kooperierende Partner (da, wo Kooperation wie gesagt möglich ist) gewinnen hingegen aus der gemeinsamen Bemühung oft einen neuen Zusammenhalt und ein neues Selbstbewußt als Paar. („Wir beide haben das geschafft!")

Was ich hier aufgezählt habe, läßt sich natürlich nicht lernen, wie man eine Lektion für die nächste Schulstunde lernt. Es braucht ein Lernen *im Erleben* der Krise selbst. Aber vielleicht helfen meine Hinweise dazu, sich Krisen mit wacheren Sinnen zu stellen.

Hinweise zum Verständnis von Krisensituationen

1. Menschliche Beziehungsgefüge, also auch Paare und Familien, haben die Tendenz, sich auf ein stabiles Gleichgewicht einzuspielen, das manchmal in Gefahr steht, in immer gleichen Abläufen und Strukturen zu „erstarren", so daß die Entwicklung und Entfaltung der betroffenen Personen dadurch beeinträchtigt wird.

2. Kritische Lebensereignisse, sowohl solche, die vorhersehbar wie solche, die unvorhersehbar eintreten, bringen dieses Gleichgewicht durcheinander – und brechen damit auch erstarrte Strukturen auf.

3. Das wird von den Betroffenen deshalb als Krise erlebt, weil das Bisherige und Gewohnte so nicht mehr fortgeführt werden kann. Das bisherige Zusammenspiel des Paares gerät durcheinander. Das schafft Angst und Unsicherheit. Darin steckt aber auch die Chance, den alten Zustand loszulassen und ein neues Gleichgewicht zu suchen, das den Lebensbedürfnissen der Menschen besser entspricht.

4. Krisen in Beziehungen fordern uns somit heraus, vom Alten Abschied zu nehmen und kreativ Neues zu entwerfen und zu verwirklichen, wodurch wir in unserer persönlichen Entwicklung voranschreiten.

🕮 Zum Weiterlesen:

Hans Jellouschek: Warum hast du mir das angetan? Untreue als Chance. Piper, München 1997.

Rosmarie Welter-Enderlin: Paare – Leidenschaft und lange Weile. Frauen und Männer in Zeiten des Übergangs. Piper, München 1995.

Wenn Paare sich getrennt haben

Es ist nun schon mehr als 20 Jahre her, daß ich mich von meiner ersten Frau getrennt habe. Die Zeit unmittelbar danach gehört zum Schlimmsten, was ich in meinem Leben bisher durchgemacht habe. Alles, was mir Sicherheit und Halt gegeben hatte, war zusammengebrochen: Die Hoffnung, daß aus unserer Beziehung doch noch etwas wird, mußte begraben werden, ich mußte mir eingestehen, daß alles Bemühen darum vergeblich war, ja in der Beziehung von Anfang an der Keim des Scheiterns steckte, aber ich es nicht wahrhaben wollte. Ebenso mußte ich den Wunsch aufgeben, eine „intakte" Familie zu haben und einer zu sein, der es mit Frau und Kindern „schafft". Ich hatte schreckliche Schuldgefühle meinen Kindern gegenüber, die mich Tag und Nacht quälten. Außerdem wußte ich mich aus meiner gesamten Familientradition und aus dem Wohlwollen meiner Eltern herausgefallen, denn eine Trennung wäre für sie selbst niemals möglich gewesen. Dazu kam eine existenzielle Angst. Als damals kirchlicher Angestellter wußte ich, daß es keine berufliche Zukunft mehr für mich gab, jedenfalls nicht, wenn ich nicht wieder zum Zölibat meiner früheren Klerikerzeit zurückkehren wollte.

Zwischen Katastrophenstimmung und Befreiungsgefühl

Es war schlimm. Gefühlsmäßig stand ich vor einem Trümmerhaufen. Und dennoch: Schon damals hatte ich, oft sogar in dem schlimmsten Momenten, zugleich auch ein anderes Gefühl, ein ganz deutliches Gefühl von Befreiung. Es war irgendwie auch gut, daß das alles zusammengebrochen war, dieses ganze Gebäude von Werten, Normen, Zwängen, Erwartungen, Hoffnungen und Illusionen. Ich war „jemand" gewesen, hatte ein Image, ein bestimmtes Ansehen, eben eine „Persona", auf die ich Wert legte und mit der ich bei anderen bestimmte Wirkungen erzielte. Ich war darin zwar geborgen, aber auch ein Gefangener – wie sehr, das wurde mir erst jetzt bewußt. Ich glaube, ich habe nie vorher eine so existenzielle und ganz persönliche Erfahrung von Tod und Auferstehung gemacht. Es war schmerzlich, diesen „Tod" zu sterben, und in diesem Schmerz spürte ich gleichzeitig neues „Leben".

Natürlich gab es Zeiten, da war ich nur auf der „Todes-Seite", trauerte, nahm Abschied, quälte mich auch, machte mir und meiner damaligen Frau Vorwürfe, schob ihr die Schuld in die Schuhe, und manchmal wollte ich auch alles wieder rückgängig machen. Aber eigentlich wollte ich es nicht. Weil eben auch die andere Seite, die „Lebensseite", nie ganz weg war. Wenn ich innerlich auf diese Seite gehen konnte, war es, als ob neues Land sich vor mir auftun würde. Das lag zwar noch im Dunkel und wie hinter einer Nebelwand, aber es gab Platz da, und es war, als wenn ich endlich aus einer Sackgasse raus wäre. In dieser Sackgasse hatte es so vieles gegeben, was sein mußte, was nicht sein durfte, was sich einfach gehörte, was man nicht anders machen konnte ... Das war jetzt alles wie weggeblasen. Alles schien wieder möglich, nichts mehr festgelegt, nichts mehr vorgezeichnet ...

Sich Unterstützung holen

Es war dennoch eine Zeit der Desorientierung. Ich war in der Erwachsenenbildung und Beratung tätig und deshalb auch ein „Psychologie-Anwender". Wie stand ich jetzt da mit meinen Fachkenntnissen! Ich war genau in dem Bereich gescheitert, in dem ich in Kursen kluge Sprüche zu machen pflegte! Zum Glück schaffte ich es, mir einzugestehen, daß ich jetzt selber psychologische Hilfe brauchte. Ich ging zu einem Gestalttherapeuten und nahm bei ihm Stunden. Natürlich ging es in der Therapie auch darum, was mein Anteil an der Beziehungsmisere gewesen war. Aber das war eigentlich nicht das Wichtige für mich. Diesbezüglich hatte ich mich schon selber durchanalysiert und mir mehr als es gut war, in die eigenen Schuhe geschoben. Nein, das Wichtige daran war, daß dieser Therapeut mich einfach ganz ernst nahm, daß er mir das Gefühl vermittelte: Du bist, so wie du bist, in Ordnung. Da merkte ich erst, wie sehr das Scheitern in meiner Ehe mich als Person in Frage gestellt hatte, wie sehr ich selber innerlich auf seiten derer stand, die tatsächlich oder in meiner Befürchtung den Kopf über mich schüttelten. Der Therapeut war Balsam auf meine wunde Seele. Er ging einfach immer mit dem, was bei mir war, mit meinen Gefühlen, meinen Gedanken, meinen Träumen. Nichts sollte „anders" sein, alles war so in Ordnung, wie es war, und war wert, sich damit zu befassen. Das war etwas, was ich damals dringend brauchte, und aus diesem Grunde hatte dieser Mann einen wesentlichen Anteil daran, daß ich mehr und mehr auf die Seite des „neuen Lebens" gehen konnte. Ganz unabhängig davon, ob jemand „eine Neurose hat", „psychisch krank" ist oder nicht: In einer solchen Lebenskrise sollte er sich wirklich eine derartige Unterstützung gönnen; das habe ich damals ganz unmittelbar an mir selber erfahren!

Neue Perspektiven und Wege

Schon bevor meine erste Ehe in die Krise geraten war, hatte ich mir immer wieder Gedanken darüber gemacht, ob ich in der kirchlichen Erwachsenenbildung am richtigen Platz war. Es gab also auch eine latente Berufskrise bei mir. Nur: Ich hatte nicht den Mut, mich ihr zu stellen. Ich hatte zwei kleine Kinder – eine völlige berufliche Neuorientierung meinte ich deshalb nicht wagen zu dürfen. Ich fühlte mich zu sehr gebunden, um ein solches Risiko einzugehen. Jetzt war mit einem Schlag meine berufliche Stellung sowieso in Frage getellt. Mein „Fall" hatte eine Reihe von Gesprächen bis hinauf zum Bischof höchstselbst zur Folge. Alle waren sehr veständnisvoll, und trotzdem war klar: Ich war jetzt ein schwarzes Schaf und in einer Diözesan-Stelle eigentlich nicht mehr tragbar. Das heißt: Ich „durfte" jetzt mit einem Mal die Gedanken denken, die ich mir vorher verboten hatte. Ich mußte sie sogar denken, weil es eine Existenzfrage wurde. Dies ließ mich immer noch heftig erzittern, aber vorherrschend war auch hier das Gefühl: Jetzt darf ich endlich, was ich immer schon wollte. So fand ich zu meinem therapeutischen Beruf, in dem ich mich heute immer noch zu Hause fühle. Später habe ich erfahren, daß das sehr oft so ist: Beziehungskrisen werden zu umfassenden Lebenskrisen – mit der Chance zu einer völligen Neuorientierung, auch in beruflicher Hinsicht.

Ich machte noch eine weitere erstaunliche Erfahrung. Wir beide, meine erste Frau und ich, hatten uns wirklich redlich Mühe gegeben. Wir wollten uns wirklich lieben, und es ging einfach nicht. Irgendwie verbrauchte das unsere seelischen Vorräte. Wir trockneten aus, wir verödeten innerlich. Die Trennung war zwar für mich sehr schmerzhaft, weil ich mit ihr so viele immer und immer wieder belebte Hoffnungen zu Grabe trug. Aber gleichzeitig war es, als ob sie mir wieder das Herz geöffnet hätte, als ob sie meine inneren Quellen wieder zum Sprudeln gebracht hätte. Ich konnte mich auf eine irgendwie neue Weise zu anderen Menschen hinwenden und erfuhr auf eine neue und lange nicht mehr gekannte Weise Sympathie, Zuwendung und Liebe von ihnen. Vor allem wagte ich, Frauen gegnüber Gefühle zu zeigen und von ihnen Gefühle anzunehmen, die ich mir früher nicht wahrzunehmen, geschweige denn auszudrücken oder entgegenzunehmen gewagt hatte. Auf diese Weise Frauen neu zu begegnen und festzustellen, daß ich von ihnen gemocht wurde, das tat meiner lädierten Männlichkeit sehr gut. Seither ermutige ich Menschen in ähnlicher Situation sehr, sich nicht zu verkriechen, sondern sich neben und mit aller nötigen Trauerarbeit andern Menschen „zuzumuten". Das kann sehr heilsam sein!

Der Schmerz wegen der Kinder

Was mir immer wieder schwer zu schaffen machte, auch noch lange Zeit später, das waren meine Schuldgefühle als Vater. Ich hatte zu beiden Töchtern, besonders zu der jüngeren, ein recht enges Verhältnis und war plötzlich nicht mehr in ihrem Alltag präsent. Ich quälte mich mit dem Vorwurf, was ich ihnen alles damit antat. Darum versuchte ich sie so oft wie möglich zu sehen und bot mich auch an, als Babysitter zur Verfügung zu stehen, wenn meine erste Frau nicht da war. Das bekam mir aber gar nicht gut. Erstens war es eine Qual, in die alten vier Wände zurückzukehren und festzustellen, daß es doch nicht mehr die meinen waren. Und zum anderen stimmte etwas nicht an dieser Vereinbarung. Ich hatte meinen Rhythmus auf den Rhythmus der Teilfamilie einzustellen. Das vertrug sich aber nicht mit der Notwendigkeit, jetzt mein eigenes Leben zu leben. Ich zog daraufhin mein Babysitter-Angebot zurück und vereinbarte feste Termine, an denen ich meine Kinder zu mir in mein kleines Appartement nahm. Ich wollte sie in meiner neuen Welt haben und nicht mehr so tun, als gäbe es die unveränderte alte noch. Das war einerseits wieder schmerzhaft, weil ein weiteres Stück Abschied, aber ich fühlte mich damit insgesamt viel wohler, und die Kinder erlebten die etwas primitiven Verhältnisse bei mir als Abenteuer und Abwechslung in ihrem Alltag. Ich habe dabei gelernt, daß es nichts bringt, vor den Kindern so zu tun, als gäbe es die Trennung nicht. Sie können besser mit einer schwierigen, aber klaren Situation leben, als mit einer undurchschaubaren. Im übrigen ist mir damals schon bewußt geworden: Wenn ich die Kinder vor Härten schützen wollte, war es meist in erster Linie mein eigenes „inneres Kind", das ich zu schonen suchte. Dieses mein „inneres Kind" fühlte sich verlassen und verwundet. Alles, was die Trennung eindeutiger machte, berührte diese Wunde – und das Kind in mir schrie auf! Ich erlebe dies seither immer wieder, vor allem bei den betroffenen Vätern: Die Sorge um die Kinder in der Trennungssituation, die natürlich an sich gut und wichtig ist, nimmt übertriebene Formen an, weil damit in Wirklichkeit nicht die realen Kinder gemeint sind, sondern das eigene verzweifelte innere Kind. Hier liegt unbewußt manchmal eine Verwechslung vor, und es ist nötig, sich diese bewußt zu machen. Denn das heißt, daß es nötig ist, sich zunächst mal um das eigene verwundete innere Kind zu kümmern.

Ich machte im Umgang mit meinen Kindern übrigens eine interessante und erleichternde Erfahrung: Ich war zwar nicht mehr täglich mit ihnen zusammen. Das war ein schwerer Verlust und ist das auch geblieben. Aber wenn wir zusammen waren, war das in der Regel viel intensiver als früher, da ich noch zu Hause lebte. Früher war ich oft zwar physisch anwesend, aber mit dem Kopf wo anders, bei der Arbeit, beim nächsten Seminar und dergleichen, und die Kinder waren mir zuweilen auch lästig und störten mich. Jetzt hielt ich mir, wenn sie bei mir waren, das Wochenende natürlich ganz frei und stellte mich ganz auf sie ein. Das habe ich gewiß zuweilen auch übertrieben, aber insgesamt stellte ich fest, daß darin auch viele früher nicht genutzte Möglichkeiten lagen. Wir haben an Wochenenden und in Urlauben viele spannende Dinge und viele intensive Momente erlebt, die ich bei einem „normalen Familienleben" wahrscheinlich nicht erlebt hätte und die die Bindung zwischen mir und ihnen sehr festigten. Das brachte mir nahe, daß es bei Beziehungen sehr auf die Qualität und nicht so sehr auf die Quantität ankommt. Man kann eine stabile Vater-Kind-Beziehung auch dann aufbauen, wenn man zeitlich nicht dauernd präsent ist (und welche Väter sind heute – auch in Normal-Familien – „dauernd" präsent?).

Sehr zugute kam uns dabei allerdings, daß meine damalige Frau nie Probleme damit hatte, die Kinder zu mir und mich zu den Kindern zu lassen. Im Gegenteil, sie förderte das. Das habe ich immer sehr geschätzt und habe ihr das hoch angerechnet, weil ich rund um mich herum mitbekam, welches Unheil bei den Kindern angerichtet wird, denen der Umgang mit dem getrennten Elternteil schwer oder unmöglich gemacht wird. Ich habe erfahren, wie unglaublich wichtig bei aller „Abwesenheit" ich als Vater für die Kinder war und blieb. Als meine Frau mit ihrem neuen Partner zusammenzog, hatte ich zunächst tausend Ängste, nun als Vater ausgespielt zu haben. Der „andere" war ja offenbar der „Bessere". Und diese Ängste steigerten sich zur Panik, als dieser andere in seiner ersten Begeisterung etwas von Adoption verlauten ließ. Aber es stellte sich heraus, daß meine Ängste völlig unbegründet waren. Für die Kinder war es nie eine Frage. Sie blieben völlig selbstverständlich auf mich als Vater bezogen: Meine jüngere Tochter brachte dies zum Ausdruck, als sie in der Schule auf einem Bild mit dem Thema „Meine Familie" sich mit ihrer Schwester in die Mitte, mich links, die Mutter rechts davon, deren Partner und die übrigen Mitglieder der Wohngemeinschaft, in der sie damals lebten, aber an den rechten Rand malte. Freilich ist dabei zu bedenken, daß ich zu den Kindern kontinuierlich Kontakt hielt und meine Frau dies – wie gesagt – förderte.

Scheidung als Schlußpunkt

Die eigentliche Scheidung haben wir erst vollzogen, als sich unser beider äußere Situation etwas konsolidiert hatte. Wir wußten, wie es, jedenfalls vorläufig, beruflich weitergehen sollte, es zeichnete sich ab, wo wir leben würden, wir hatten uns auf die elterliche Sorge und eine Besuchsregelung geeinigt, und es hatte auch schon eine gewisse Zeit gegeben, in der sich diese Dinge einspielen konnten. Die Scheidung war damit ein gewisser – gemeinsamer – Schlußpunkt hinter eine längere Entwicklung. Wir hatten Gott sei Dank den langen Atem, so lange mit einem noch vorläufigen Zustand zu leben, bis die äußere Neuorganisation der Familie abgeschlossen war. Darum ging dann auch der juristische Akt mit einem gemeinsamen Anwalt reibungslos über die Bühne. Wir haben damit vermieden, den juristischen Prozeß als Problemlösungsstrategie einzusetzen, was ja bekanntlich fast immer schiefgeht und die unerledigten Angelegenheiten nur verschleppt.

Paar-Ebene und Eltern-Ebene

Wir hatten nun eine typische Stief- oder Zweitfamilien-Situation. Meine frühere Frau lebte mit dem neuen Partner und den Kindern, und ich war ein sog. „getrennt lebender Elternteil". Es ging natürlich nicht immer konfliktfrei ab. Immer wieder entstanden Situationen, gerade im Zusammenhang mit den Kindern, in denen wir gegenseitig empfindliche Punkte trafen. Aber insgesamt ist es uns, glaube ich, ganz gut gelungen, die Paar-Ebene und die Eltern-Ebene voneinander zu unterscheiden. Auf der Paar-Ebene achteten wir auf eine strikte Abgrenzung, auf der Elternebene hielten wir wenigstens ein Minimum an Kommunikation und Kooperation aufrecht. So gelang es uns, die Kinder nicht als „Horchposten" zu benutzen oder unsere Konflikte über sie auszutragen, worunter Kinder zuweilen ja schrecklich zu leiden haben. Diese Unterscheidung zwischen Paarebene einerseits, auf der die Trennung vollzogen wird, und Elternebene andrerseits, die bei aller Trennung erhalten bleibt, auch wenn sie neu bestimmt werden muß, ist mir seither zum wichtigsten Schritt geworden, den Scheidungspaare vollziehen müssen, damit es nachher gut weiter geht.

Wir hatten also sozusagen wieder „normale Beziehungen" untereinander hergestellt. Wir konnten uns treffen, miteinander reden, uns über die Kinder austauschen. Aber dahinter verbargen sich trotzdem immer noch Verletztheiten, Vorbehalte und Abwertungen. Sie gaben der Atmosphäre oft etwas Angespanntes und kamen immer wieder einmal in offenen Konflikten zum Durchbruch. Sie hinderten mich auch, Probleme und Sorgen, die ich mir bezüglich der Kinder machte, offen mit meiner früheren Frau zu diskutieren. Versuchte ich es, kamen wir blitzschnell in ein Schuldzuschreibungs-Verteidigungs-Muster hinein, das zu nichts führte und das mich veranlaßte, solche Themen erst gar nicht mehr anzusprechen. So waren wir zwar insgesamt in einer einigermaßen beruhigten Situation. Die Kinder kamen gern zu mir und zu meiner neuen Partnerin und späteren zweiten Frau, und sie brauchten keine Angst zu haben, dadurch zwischen Fronten zu geraten. Aber das Eis, auf dem wir uns bewegten, war dünn. Ich litt darunter, daß ich nur noch wenig konkreten Einfluß auf den Alltag der Kinder hatte, wobei ich mich heute frage, wieviel „direkten" Einfluß Eltern überhaupt auf Kinder haben, und ob nicht der indirekte – über die Qualität der zwischenmenschlichen Beziehung – der viel entscheidendere ist.

Dazu kam noch die Erfahrung, wie wichtig es für die Kinder war, daß ich ihre Mutter anerkannte und respektierte. Ich bemühte mich zwar sehr darum, aber ab und zu entschlüpfte mir ihnen gegenüber doch ein kritisches Wort – dann stellten sie sich „wie ein Mann" vor sie und verteidigten sie uns gegenüber heftig. Daran wurde mir immer deutlicher, daß es noch immer nicht genügte, „normale Beziehungen" zum früheren Partner herzustellen, obwohl das schon viel ist und ein wahrer Segen für alle Beteiligten wäre, wenn es öfter gelänge. Aber die Wunden der Trennung heilen dadurch allein noch nicht. Man kommt nicht drum herum, noch einmal dahin vorzudringen, was unter der Decke dieser „normalen Beziehungen" steckt. Je mehr Jahre ins Land gingen, desto stärker spürte ich auch in meiner eigenen Seele eine Sehnsucht nach Aussöhnung. Ich hatte eine dunkle Ahnung, wie wichtig es für alle Beteiligten, für die Kinder vor allem, aber auch für die anderen, auch für meine jetzige Frau, sein würde, daß ich meiner ersten Frau und Mutter meiner Kinder in meinem Herzen einen würdigen Platz einräumen konnte.

Der würdige Platz im Herzen

Wir sind das angegangen und haben nochmals die Decke gelüftet und die wunden Punkte angeschaut. Mit sehr viel Achtsamkeit war es möglich, darüber verständnisvoll und versöhnlich zu sprechen. Dadurch ist nun zwischen meiner ersten Frau und mir etwas entstanden, was ich von meiner Seite her mit „Achtung" und „Wertschätzung" ihr gegenüber beschreiben könnte. Als sie vor ein paar Jahren schwer erkrankte, merkte ich an meiner Reaktion, daß mich – wahrscheinlich über unsere beiden Töchter – mit ihr immer noch etwas sehr Tiefes verbindet, ein Band, das durch Trennung und Scheidung unberührt bleibt und das etwas sehr Wertvolles ist und sein darf, auch wenn wir seit Jahren getrennt sind und uns kaum noch sehen.

Dieser Prozeß der Versöhnung führte im gesamten Beziehungsgefüge zu einer großen Entspannung, von der alle, vor allem natürlich die Kinder, profitierten. Damit bewahrheitet sich für mich, was ich bei dem Psychotherapeuten Bert Hellinger gelernt habe: Alle, die zum Familiensystem gehören, also auch getrennte Ehepartner, haben ein Recht auf einen Platz in diesem Gefüge, und das heißt: Sie müssen von den Familienmitgliedern mit Achtung und Respekt an diesem Platz anerkannt sein. Dann geht es allen im System gut, auch wenn dieses durch Trennung, Scheidung und Zweitheiraten überhaupt nicht den gängigen Normvorstellungen entspricht. Auch die Kinder können sich dann durchaus normal entwickeln. Wird dagegen ein früherer Partner abgewertet, schlecht gemacht, ausgeschlossen oder tabuisiert, ist eine Trennung, auch wenn sie jahrelang zurückliegt, nicht erledigt. Dann leiden die Beteiligten weiter, und oft macht sich das Leiden dann bei einem Kind der nachfolgenden Generation durch Auffälligkeiten bemerkbar.

Wenn ich heute zurückschaue, weht mich immer noch ein leises Bedauern an, daß es mir nicht möglich war, mit meinen Kindern eine „normale Familie" zu leben. Aber es ist ein versöhntes Bedauern: Dadurch daß es mir möglich geworden ist, meiner ersten Frau gegenüber zu einer Beziehung der Wertschätzung zu finden, muß ich nun die Zeit, in der ich als Vater in der Familie gelebt habe, nicht mehr vor mir abwerten, sondern kann sie als einen wichtigen Teil meines Lebens annehmen und bejahen. Die Trennung war für mich ein Aufbruch aus einer lebensbedrohlich gewordenen Stagnation. Sie war nötig, sie hat sehr weh getan, die Wunden haben lange Zeit gebraucht, um zu vernarben. Aber nur dadurch ist Heilung möglich geworden.

Hilfen für die Zeit nach der Trennung

1. Selten hat eine Trennung nur schlimme, leidvolle, schmerzliche Aspekte. Es gehört zur Notapotheke einer solchen Situation, auch die Gefühle und Gedanken zuzulassen, die gut sind und sich angenehm anfühlen: Erleichterung, Befreiung, Ruhe, neue Hoffnung.

2. Nur alleine vor sich hinzuleiden und alles mit sich selbst abmachen zu wollen, kann selbstzerstörerische Ausmaße annehmen. Auch Freunde sind nicht immer die besten Ratgeber oder eine ausreichende Stütze. Darum empfiehlt es sich häufig, für eine gewisse Zeit therapeutische Hilfe in Anspruch zu nehmen.

3. Es bringt große Entlastung, wenn man sich den Faktor Zeit auch wirklich ins Bewußtsein bringt und die gegenwärtige Situation als Durchgangsphase zu verstehen lernt, als Anfang von etwas Neuem, selbst wenn dies noch keine klar erkennbaren Konturen hat.

4. Wenn Kinder im Spiel sind, sollte man diese nicht unterschätzen. Auch ihnen hilft Klarheit mehr als vermeintliche Schonung. Es ist hilfreich, sich bewußt zu machen, daß die Eltern-Beziehung weiterbesteht, auch wenn die Partner-Beziehung zu Ende geht.

5. Die formelle Scheidung als endgültiger Schlußpunkt und logische Konsequenz der vorangegangenen Prozesse bringt nochmals Klarheit und Stabilität, erleichtert also meist den Trennungsprozeß.

6. Irgendwann sollte der ehemalige Partner einen „würdigen Platz im Herzen" erhalten, weil sonst Störungen für die neue Familie oder die nächste Generation zu befürchten sind.

🕮 Zum Weiterlesen:
Christa Brauns-Hermann u. a. (Hrsg.): Verlorene Liebe – gemeinsame Kinder. Elterliche Sorge nach der Trennung. Rowohlt, Reinbek.

Zweitehen sind anders

Wir haben schon davon gesprochen: Im deutschen Sprachraum wird etwa jede dritte Ehe geschieden, und die Zahl der Ehescheidungen erreicht in den Großstädten bereits die 50 Prozent-Marke. Das bedeutet unter anderem auch, daß von den bestehenden Ehen ein großer Prozentsatz Zweitehen sind, denn viele von den Geschieden heiraten wieder oder leben jedenfalls nach einiger Zeit wieder in festen Partnerschaften zusammen. In einer solchen zweiten (oder dritten, vierten ...) Lebensgemeinschaft zu leben, gehört also – rein statistisch gesehen – in unserer Gesellschaft bereits in den Bereich der Normalität. Wir machen uns das selten bewußt, und viele Menschen hängen es auch nicht an die große Glocke, weil es ihnen trotz dieser „Normalität" doch oft ein wenig peinlich ist. Das führt dazu, daß zwischen Erst- und Zweitehen kaum Unterschiede gemacht werden. Das aber ist ein Problem – und die Quelle vieler Probleme in solchen Zweitbeziehungen. Denn die Unterschiede zwischen Erst- und Zweit- Ehen sind gewaltig, vor allem dann, wenn Kinder aus der oder den ersten Ehen vorhanden sind. Dies will beachtet sein, soll das Unternehmen „Zweitehe" gelingen. Darum geht es mir in diesem Kapitel.

Zerstörerische Sehnsucht nach Harmonie

Wer eine zweite Ehe eingeht, hat mit der ersten meist schmerzvolle Erfahrungen gemacht. Wenn er sich dann, oft nach langem Zögern, entschließt, ein zweites Mal eine feste Partnerschaft einzugehen, dann „darf es auf keinen Fall noch einmal schiefgehen". Diese Angst vor neuem Scheitern führt häufig dazu, daß von dem Zusammenleben in der neuen Familie ein Maß an Harmonie erwartet wird, wie es auch für eine „Erstfamilie" illusorisch wäre. Dieser Erfolgsdruck zerstört dann das real Mögliche, zumal die Kinder dagegen rebellieren und *solche* Versuche der „Wiedergutmachung" des früher Erlebten nicht mitmachen. Zweit-Eheleute sollten sich darum als erstes bewußt sein, daß die Familienmitglieder *Zeit brauchen, sich zusammenzuraufen*, daß ein beträchtliches Maß an Chaos dabei unausweichlich ist und daß vielleicht eine so große Vertrautheit wie in einer Erstfamilie überhaupt nicht mehr erreichbar ist. In der Stieffamilie ist es nötig, ein Stück bleibende Fremdheit zu akzeptieren. Denn der neue Partner wird nie der Vater oder die Mutter der Kinder werden. Das Gefühl „Wir gehören alle zusammen" wird in der Stieffamilie noch seltener als in der Kernfamilie aufkommen, was keineswegs heißt, daß sie eine schlechter funktionierende Familie sein müßte. Denn die vielleicht weniger kuschelige Atmosphäre, die Kühle des größeren Abstands kann auch einen größeren Freiraum für den einzelnen in der Familie bedeuten. Außerdem: Sich mit zunächst „Fremden" zu arrangieren und mit ihnen einen Lebensmodus zu finden, kann das Leben auch sehr bereichern, abgesehen davon, daß es eine starke Herausforderung zur Entwicklung sozialer Kompetenz darstellt.

Statt des überanstrengten Versuchs, eine besonders harmonische Familie zu schaffen, sollten sich Zweit- Eheleute eher darauf konzentrieren, ihre *Paarbeziehung sorgfältig zu pflegen*. Denn in der Regel war ihnen nicht die Zeit vergönnt, in der sie nur einander hatten – die Kinder waren immer schon da. Darum brauchen sie das, was sich Paare mit Kindern ganz allgemein zu wenig gönnen, in besonderem Maße: Zeit für sich als Paar. Die kann man sich natürlich nicht ohne Rücksicht auf die Bedürfnisse der Kinder nehmen, aber man sollte überprüfen, ob die Kinder wirklich immer so viel körperliche Anwesenheit der Erwachsenen brauchen oder ob hier – vielleicht aus schlechtem Gewissen – übertrieben wird. Schließlich ist ja auch noch der getrennt lebende leibliche Elternteil da, dem man die Kinder überlassen kann (oder überlassen können sollte ...)

Der neue Partner ist der Zweite

Nach diesen eher allgemeinen Bemerkungen nun ein paar Hinweise für die beteiligten Erwachsenen: für den hinzukommenden neuen Partner, den anwesenden Elternteil und den außerhalb lebenden Elternteil. Zuerst also zum *neu hinzukommenden Partner*: Auch wenn er oder sie noch so voll Liebe ist, er oder sie kommt als neuer Partner in eine recht schwierige Situation hinein. Er soll seinen Platz in einem mehr oder weniger eingespielten System finden, in dem zunächst keiner für ihn vorgesehen ist. Er hat es mit Menschen, vor allem mit Kindern zu tun, die einen schweren Verlust erlitten haben, und er nimmt nun einen Platz ein, der in ihren Augen einem anderen gebührt. Zu diesem anderen haben sie die tiefere Bindung, ganz gleich, was davon nach außen sichtbar wird. Die Kinder sind in tiefer Loyalität dem getrennten leiblichen Elternteil verbunden, selbst wenn der sich noch so schofel verhalten hat. Es handelt sich hier um Bindungen, die weit über das psychologische „sich gut oder schlecht verstehen" hinausgehen. Dem muß der neue Partner oder die neue Partnerin Rechnung tragen, und das kann er/sie am leichtesten dann, wenn er/sie zu sich selber sagt: „Ich bin hier der Zweite! Ich bin der/die Zweite für meine Ehefrau/ meinen Ehemann, und ich bin der/die Zweite für die Kinder!" Nur diese Anerkenntnis wird ihm oder ihr einen Platz im Familienverband sichern. Sonst gerät der neue Partner unausweichlich in Konkurrenz zum ersten und zieht den Kürzeren.

Konkret bedeutet „der Zweite sein" zweierlei: im Blick auf seinen Partner, daß der/die „Neue" Achtung davor hat, wenn da noch Bindungen zum früheren Partner in Sehnsüchten nach ihm oder in Trauer-Reaktionen spürbar werden. Vor allem, wenn die frühere Beziehung lange währte und die beiden mehrere Kinder miteinander hatten, bleibt eine Verbundenheit, die durch keine Scheidung aufzulösen ist. Das heißt nicht, daß die neue Liebe etwa nichts wert wäre und nicht sehr viel glücklicher als die erste sein könnte, aber man liebt eben einen Menschen „mit Vergangenheit", und die läßt sich nicht auslöschen, sondern nur freundlich mit in das jetzige Leben hineinnehmen.

Im Blick auf die Kinder heißt „der Zweite sein": sich damit zurückhalten, die Kinder des anderen „erziehen" zu wollen. Für die Erziehung sind einzig und allein die leiblichen Eltern, vor allem der anwesende leibliche Elternteil, zuständig. Natürlich kann das konkret schwierig werden, zum Beispiel im Fall einer Stiefmutter, deren Mann und Vater der Kinder den ganzen Tag außer Haus ist. Aber auch hier gilt: Dieser Mann muß sich bewußt sein, daß im Prinzip *er* zuständig ist. Er kann die Verantwortung dafür nicht einfach abschieben. Seine Frau macht es nur „für ihn" und „in seinem Namen". Dieses Bewußtsein entlastet von Überverantwortung und schützt vor

Über-Engagement, selbst wenn sie im Alltag notgedrungen mit den Kindern viel zu tun hat.

Aber selbst dann, wenn sie auf diese Weise ihre Verantwortung relativiert, wird es dennoch nur funktionieren, wenn eine tragfähige Beziehung zwischen dem Stiefelternteil und den Kindern entstanden ist. Das aber braucht Zeit und Bemühung und kann keineswegs als vorhanden vorausgesetzt werden. Denn die Kinder begegnen in der Regel dem Stiefelternteil zunächst mit Skepsis bis Abneigung, weil er in ihren Augen dem getrennten Elternteil „den Platz wegnimmt". Das bleibt oft lange verborgen, manchmal sogar hinter einer gewissen Euphorie der Kinder, die den Stiefelternteil scheinbar begeistert aufnehmen – aber nicht aus eigener Begeisterung, sondern weil sie spüren, wie froh der Papa oder die Mama ist, jetzt wieder jemanden zu haben. Dahinter lauert aber häufig etwas ganz anderes: Vorbehalt, Ressentiment, ja sogar Haß auf den „Neuen", den „Eindringling". Und diese Gefühle kochen dann im Konfliktfall zum Entsetzen der Beteiligten plötzlich hoch. Deshalb muß man sich immer im Bewußtsein halten: Der Stiefelternteil kann im besten Fall nur der väterliche *Freund*, die mütterliche *Freundin* der Kinder sein, er kann nie den getrennten Vater oder die getrennte Mutter ersetzen oder gar der oder die „Bessere" sein. Neu hinzugekommene Partner, die zu viel Eltern sein wollen, sind ein Hauptkonfliktpotential in Zweit-Ehen und -Familien, so gut sie es mit ihrem Engagement vielleicht auch meinen.

Aussöhnung mit der Vergangenheit

Die Vergangenheit läßt sich wie gesagt nicht auslöschen. Darum ist es für den *anwesenden leiblichen Elternteil*, auf den ich jetzt zu sprechen komme, das Wichtigste, daß er sich klar macht: Ein vollständiger Neuanfang ist nicht möglich. Die frühere Familie ist nicht ausgelöscht, und es beginnt jetzt nicht etwas vollständig Neues, sondern: Die frühere Familie hat sich durch den Wegzug des einen und das Hinzukommen des Neuen gewandelt, aber sie besteht weiter fort. Und: Der getrennt lebende leibliche Elternteil bleibt Teil dieser gewandelten Familie. Das ist für viele schwer zu verkraften, vor allem, wenn ihnen von diesem früheren Partner Schlimmes angetan worden ist. Aber es ist – jenseits von emotionalen Befindlichkeiten – die Realität, und mit der müssen wir uns arrangieren. Das bedeutet unter anderem:

- Die Kinder brauchen freien Zugang zum getrennt lebenden Elternteil. Das schließt klare Vereinbarungen über Ort, Zeit und Dauer der Besuche keineswegs aus. Solche Regelungen können den Kontakt der Kinder zum getrennten Vater oder zur getrennten Mutter vielmehr sichern und erleichtern helfen.
- Was mit dem getrennten Elternteil zu vereinbaren oder zu verhandeln ist, müssen die getrennten Eheleute miteinander abmachen, so schwer ihnen das fallen mag. Aber es ist *ihre* Sache und nicht die der Kinder. Die Kinder dürfen nicht als Vermittler und Zwischenträger benutzt werden, die das bewerkstelligen, was die Erwachsenen nicht schaffen.
- Der getrennte Elternteil darf vom anwesenden (und dessen Partner) vor den Kindern nicht schlecht gemacht werden. Kinder haben zu beiden Eltern eine tiefe Bindung. Indem der anwesende den abwesenden Elternteil schlecht macht, stürzt er sie in ein schlimmes Bindungs-Dilemma und in Loyalitätskonflikte.

Diese drei Punkte können freilich nur funktionieren, wenn sich der anwesende Elternteil um zweierlei bemüht: erstens darum, den eigenen Anteil am Scheitern seiner Ehe zu erkennen und auf sich zu nehmen, anstatt seinen ehemaligen Paartner zum alleinigen Sündenbock zu machen. Und zweitens darum, daß er diesen als Menschen und als Vater/Mutter der gemeinsamen Kinder wieder achten lernt. Mit Blick auf das Gelingen der Zweitehe und das Gedeihen der Kinder ist das wahrscheinlich das wichtigste Erfordernis: daß die Getrennten sich aussöhnen. Das heißt natürlich nicht, daß sie sich wieder lieben sollten, aber daß sie sich wahrnehmen und würdigen als Menschen, die sich einmal geliebt haben und als Menschen, die gemeinsam Eltern ihrer Kinder sind. Daß geschiedene Frauen und Männer das wieder lernen, ist wahrscheinlich – angesichts der vielen Kinder die aus solchen Verbindungen stammen – eine der wichtigstens Aufgaben, die sie für das Gedeihen unserer Gesellschaft haben.

Verläßlichkeit und Kontinuität

Schließlich noch einige Hinweise für den *getrennt lebenden Elternteil.* Was ich über die Aussöhnung mit dem ehemaligen Partner gesagt habe, gilt natürlich genauso für ihn. Für ihn gilt ebenso, daß ein vollständiger Neuanfang nicht möglich ist. Seine Kinder bleiben seine Kinder, und es ist schlimm, wenn er sich davonmacht und für sie nicht mehr erreichbar ist. Wenn er andrerseits daran gehindert wird, seine Kinder zu treffen, dann ist dies ebenso schlimm, und er soll durchaus darum kämpfen, daß der Kontakt möglich bleibt oder wiederhergestellt wird. Ihn zu verhindern, ist ein schweres Unrecht gegen beide, sowohl den getrennt lebenden Elternteil als auch die Kinder. Alle einschlägigen Forschungsergebnisse beweisen, daß Kinder im Fall einer Trennung zum guten Aufwachsen den Kontakt zu beiden Eltern brauchen.

Freilich ist auch auf die gegenteilige Tendenz zu achten: Manche getrennt lebenden Eltern, meiner Erfahrung nach vor allem Väter, wollen ihre Elternfunktion so ausüben, als hätte sich gegenüber früher nichts geändert. Sie wollen bei allem und jedem mitreden und versuchen, in den anderen Familienverband hineinzuregieren, was dort natürlich auf keine Gegenliebe stößt. Hinter dieser Haltung steckt ein Nicht-Annehmen der Trennung. Zur Trennung gehört eben auch, daß ich nicht mehr so Vater sein kann wie früher. Daran ändert auch ein gemeinsames Sorgerecht nichts, weil es mit den getrennten Lebenswelten zusammenhängt, die nun entstanden sind. Es gilt, diese Einschränkung mit zu akzeptieren. Das ist schmerzlich, aber die Realität. Und es heißt keineswegs, daß ich als getrennter Vater oder getrennte Mutter jetzt nicht mehr wichtig wäre für die Kinder. Keineswegs! Gerade als (oft gescholtener) „Sonntagsvater" zum Beispiel habe ich viele Möglichkeiten, den Kindern Wichtiges zu vermitteln, wofür ich mir früher vielleicht die Zeit nicht genommen habe. Manche Männer fangen erst nach der Trennung an, wirkliche Väter zu sein, weil sie dann erst die vorhandene Zeit richtig nutzen.

Natürlich braucht es auch ein gewisses Quantum an Kontakt zwischen dem getrennt lebenden leiblichen Elternteil und seinen Kindern. Aber manchmal wird die Bedeutung der Quantität auch übertrieben. Wichtig ist vor allem die Qualität des Kontakts. Wichtiger als große Häufigkeit sind Verläßlichkeit und Kontinuität im Kontakt. Die Abstände können dann durchaus auch etwas größer sein, dadurch erleidet niemand einen Schaden. Denn neben dem Wissen und der Erfahrung, daß der außerhalb lebende Elternteil für sie da und an ihnen interessiert ist, brauchen die Kinder andererseits auch ihren Lebensraum, in dem sie sich verwurzeln können und aus dem sie nicht immer wieder herausgerissen werden, wenn sie zu häufig und womöglich zu weit verreisen müssen. Hier gilt es einen Mittelweg zu finden zwischen beiden Bedürnissen: dem nach Kontinuität im eigenen Lebensraum und dem nach Kontinuität im Kontakt zwischen getrennt lebendem Elternteil und Kind.

„Am schlimmsten ist es immer für die Kinder …" Mit diesem apodiktischen Satz wird häufig der Stab über Scheidungsfamilien gebrochen. Meine Erfahrung ist: Er gilt nur dann, wenn es den getrennten Eltern nicht gelingt, Haß und Verletztheit zu überwinden und zueinander normale und kooperative Beziehungen herzustellen. Wenn sie das aber schaffen, kann es für alle gut weitergehen: für die Kinder, die dann nicht nur keine wichtige Bezugsperson verloren, sondern sogar eine hinzugewonnen haben, und für die Erwachsenen, die aus den Erfahrungen der ersten in der zweiten Beziehung vieles gelernt haben und darum jetzt besser machen.

Empfehlungen für Zweitehen und Stieffamilien

Unter Stieffamilien verstehen wir hier Familien, in denen einer der Ehe- bzw. Lebenspartner nicht leiblicher Elternteil der Kinder ist, und ein leiblicher Elternteil der Kinder wegen Trennung oder Scheidung außerhalb lebt.

1. Es ist schwer, Menschen, die man nicht gut kennt, in sein „Reich" hineinzulassen, und es ist schwer, als „Neuer" in eine bereits bestehende Gruppe hineinzukommen.

Empfehlung:
Beziehen Sie, wenn es irgendwie möglich ist, eine neue Wohnung oder ein neues Haus. Dann muß sich niemand als Eindringling fühlen, und niemand muß sein Territorium verteidigen.

2. Der leibliche Elternteil gerät leicht zwischen dem neuen Partner und seinen eigenen Kindern in die Zwickmühle, in Loyalitätskonflikte.

Empfehlung an den leiblichen Elternteil:
Geben Sie der neuen Partnerschaft Raum und Zeit, damit sie sich vertiefen kann. Sie tun damit auch für Ihr eigenes Kind das Beste, weil Sie für Stabilität in der Paarbeziehung sorgen.

3. Stiefbeziehungen sind keine gewachsenen Beziehungen, weil sie keine gemeinsame Geschichte haben.

Empfehlung an den Stiefelternteil:
Tun Sie gezielt etwas für den Aufbau dieser Beziehungen, Unternehmen Sie allein etwas mit Ihren Stiefkindern, und fangen Sie mit dem an, was sowohl den Kindern als auch Ihnen Spaß macht.

Empfehlung an alle:
Lassen Sie sich Zeit beim Aufbau dieser Beziehungen. Beziehungen lassen sich nicht herstellen, sie müssen wachsen, und Wachstum braucht Zeit. Haben Sie nicht den Anspruch, einander sofort „lieben" zu müssen.

4. Die Wiederheirat wird von den anwesenden Kindern oft als Verlust der alten Familie und als Gefährdung der Beziehung zum leiblichen Elternteil erlebt.

Empfehlung an den leiblichen Elternteil in der Stieffamilie:
Pflegen Sie die Beziehungen in der alten Restfamilie, indem Sie mit Ihren leiblichen Kindern allein eigene Unternehmungen starten.

Empfehlung an den Stiefelternteil:
Tolerieren Sie diese Sonderunternehmungen, auch wenn Sie vorübergehend davon ausgeschlossen sind.

5. In Stieffamilien haben mehrere oder alle einen schweren Verlust hinter sich. Und alle leben am Anfang in einer unsicheren Situation. Gereiztheit, Wutausbrüche, abweisendes Verhalten und Muffigkeit sind oft darauf zurückzuführen.

Empfehlung:
Nehmen Sie Abschied von der Vorstellung, Ihre Stieffamilie müßte eine harmonische Familie sein. Haben Sie Verständnis dafür, daß in Ihrer Familie die Gefühlswogen besonders hoch und tief gehen. Rechnen Sie damit, daß diese von unverarbeiteten Trauerprozessen oder von der allgemeinen noch nicht überwundenen Unsicherheit herrühren.

6. Für die Entwicklung der Kinder ist die Beziehung zu beiden leiblichen Eltern von großer Bedeutung.

Empfehlung an den leiblichen Elternteil:
Sorgen Sie für einen regelmäßigen Kontakt Ihres Kindes zum ge-

trennten Elternteil, auch wenn dies gewisse Unruhe in die Familie bringt und alte Verletzungen dadurch berührt werden.

7. Kinder in Stieffamilien geraten leicht in Loyalitätskonflikte zwischen ihrer Stieffamilie und dem getrennten leiblichen Elternteil.

Empfehlung an den leiblichen Elternteil:
Verhandeln Sie in Sachen, die das Kind betreffen, direkt mit dem getrennten Partner, und benützen Sie nicht das Kind als Zwischenträger.
Bemühen Sie sich um einen achtungsvollen Kontakt zum getrennten Partner, und vermeiden Sie in Anwesenheit des Kindes abfälliges Reden über ihn. Damit helfen Sie dem Kind, sich innerlich nicht hin- und hergerissen zu fühlen zwischen seinen beiden Eltern.

8. Stieffamilien sind Familien ohne eine gemeinsame Geschichte.

Empfehlung:
Unternehmen Sie eigene Anstrengungen zur Entwicklung neuer Gewohnheiten, Traditionen und Verhaltensregeln. Dafür eignen sich, vor allem anfangs, regelmäßige Familienkonferenzen, in denen alle zu Wort kommen. Besonders wichtig ist dies bei Familien mit Teenagern.

9. Es ist schwierig für den Stiefelternteil, den Stiefkindern gegenüber eine Rolle zu finden.

Empfehlung an den Stiefelternteil:
Seien Sie, besonders am Anfang, sehr zurückhaltend in der Übernahme von Erzieherfunktionen. Übernehmen Sie sich nicht, bevor nicht eine persönliche, liebevolle Beziehung zum Stiefkind gewachsen ist. Versuchen sie nicht, zum getrennten leiblichen Elternteil in Konkurrenz zu treten. Sie werden sonst den Kürzeren ziehen. Versuchen Sie eher, ein älterer Freund, eine ältere Freundin für das Kind zu sein, als Vaters oder Mutters Stelle einzunehmen.

Empfehlung an den anwesenden leiblichen Elternteil:
Fühlen Sie sich für die Erziehung Ihrer Kinder selber voll zuständig, und locken sie durch eigene Hilflosigkeit den Partner nicht in eine Erzieherrolle, an der er scheitern muß.

10. Sexualität hat in Stieffamilien einen anderen Stellenwert, weil sie durch das Inzesttabu nicht so geschützt ist wie in Normalfamilien.

Empfehlung:
Seien Sie sich dieser ungeschützteren Situation bewußt, und verstehen Sie von daher Ängstlichkeiten und Überempfindlichkeiten, z. B. bei Heranwachsenden. Sprechen Sie als Paar immer wieder über Ihre Beobachtungen und Gedanken zu diesem Punkt, und tabuisieren Sie das Thema nicht.

📖 Zum Weiterlesen:
Verena Krähenbühl/Hans Jellouschek/Margret Kohaus-Jellouschek/Roland Weber: Stieffamilien. Struktur – Entwicklung – Therapie. Lambertus Verlag, Freiburg 1995.
Sonia Combe: Deine, meine, unsere Kinder. Als neue Familie zusammenwachsen. Herder, Freiburg 1998.

Was macht Ehen stabil?

Bisher war fast ausschließlich von dem die Rede, was eine Ehe schwierig macht und sie gefährdet: Fast immer, wenn es um Fragen der Paarbeziehung geht, ist unser Augenmerk auf die Defizite gerichtet. Viel seltener macht man sich Gedanken darüber, was sie dauerhaft macht und ihr Stabilität verleiht. In der Fachliteratur und in meiner persönlichen Erfahrung mit Paaren begegne ich immer wieder den folgenden acht „Ehe-Stabilisatoren". Auf die Dauerhaftigkeit einer Beziehung wirkt sich gut aus:

Die Verliebtheit am Anfang

Verliebtheit ist ein gutes Fundament für eine Ehe. – Gegen diese Aussage erheben sich sofort Einwände: Denn begehen nicht die Menschen im Zustand der Verliebtheit gerade die größten Dummheiten? Und macht Liebe nicht blind? Zugegeben: Verliebtheit ist nicht das einzige Kriterium für das Gelingen einer Ehe. Und Verliebtheit am Anfang verhindert keineswegs, daß es später auch einmal heftig kracht und man vielleicht zeitweise sogar recht unglücklich ist miteinander. Aber Forschungen des Züricher Paartherapeuten Jürg Willi scheinen zu zeigen: Durch Verliebtheit entsteht eine Bindung , die nicht so leicht wieder bricht und die Durststrecken überstehen läßt. Verliebtheit hilft den Partnern, ihre beiden „fremden" Welten, aus denen jeder kommt, zu einer Welt zu verschmelzen, in der sich beide zu Hause fühlen. Verliebtheit überwindet die Fremdheit der beiden Einzelwesen und stellt eine Vertrautheit her, welche die Bindung zur Herkunftsfamilie lockert und so ein eigenes abgegrenztes „Paar-System" entstehen läßt. Das heftige Gefühl der Verliebtheit macht einen neuen Anfang in der Generationenfolge möglich.

Aber der anfängliche Einwand bleibt: Besteht nicht in der Verliebtheit die Neigung, den anderen mit einem Glorienschein der Idealisierung auszustatten, ihn zur lichten Erlöser-Gestalt hochzustilisieren, von dem man viel zu viel erwartet und nachher enttäuscht werden muß? Zweifellos besteht diese Gefahr. Es wäre aber nicht angemessen, nur diese Seite zu sehen. Sicher behängt man den anderen in der Verliebtheit mit den eigenen ungestillten Lebens-Sehnsüchten. Aber was der Glorienschein so hell erleuchtet, ist meist nicht *nur* Illusion. Häufig zeigen sich in ihm auch die besten Möglichkeiten der Partner, Möglichkeiten, die zwar *noch* nicht realisiert sind, die aber wirklich werden *können,* wenn die beiden ihre Chancen nutzen. In der Verliebtheit entsteht die Vision, was unsere Beziehung sein könnte – und damit ein Leitbild für den weiteren gemeinsamen Weg, das man sich immer wieder vor Augen halten kann, wenn es einmal schwierig wird.

Ähnlichkeiten in vielen Lebensbereichen

Gegensätze ziehen sich zwar an und faszinieren sich gegenseitig, aber das Haltbarere für eine Beziehung sind die Ähnlichkeiten. Natürlich kann es hier auch ein Zuviel an Ähnlichkeit geben. Dann geht die Spannung verloren. Ehen „wie Bruder und Schwester" oder „Josefs-Ehen" sind manchmal von dieser Art. Unterschiede, ja kleinere Gegensätze sind das Salz in der Suppe, aber eben: in der Suppe! In der Grundsubstanz dürfen die Spannungen nicht zu groß sein. Hierher gehören: Nationalität, soziales Milieu, Bildungsstand, Altersunterschiede, Weltanschauungsfragen, Geschmacksfragen, grundlegende Gewohnheiten im Lebensstil und ähnliches. Das heißt freilich nicht, jeder größere Unterschied müßte zum Bruch führen, wohl aber, daß dadurch das Zusammenleben erschwert wird. Hier entstehen Konfliktfelder, die – oft erst im Laufe der Zeit – den Partnern zu schaffen machen können.

Ein großer Altersunterschied zwischen den Partnern zum Beispiel kann lange Jahre völlig bedeutungslos sein. Wird der ältere der beiden jedoch eines Tages gebrechlich, während der jünger noch „im vollen Saft" steht, kann es sehr schwierig werden. Oder: Die unterschiedlichen Nationalitäten von Frau und Mann stellten zunächst vielleicht sogar den besonderen Reiz dieser Beziehung dar. Dann erfolgt ein Umzug in das Herkunftsland des Mannes – und die Situation der Frau verschlechtert sich mit einem Schlag derartig, daß ein weiteres Zusammenleben mit dem Mann – jedenfalls in seiner Heimat – nicht mehr möglich erscheint. Aufs Ganze gesehen trifft also bei Paaren das Sprichwort „Gleich und gleich gesellt sich gern" eher die Wahrheit. Auf dieser Basis wirken dann auch die Gegensätze nicht zerstörend, sondern belebend.

Eigenständigkeit beider Partner

Bindung und Ähnlichkeit sind gut für die Ehe-Stabilität – jedoch mit einer Gefahr verbunden: daß beide oder einer der Partner aufhören bzw. aufhört, eine eigene unverwechselbare Person zu sein. Sich ganz für den anderen aufgeben, kann kein Ziel sein. Es wirkt vielmehr zerstörerisch auf eine Beziehung. Eigenständigkeit heißt: Jeder behält außer der gemeinsamen Welt – so wichtig diese ist – auch eine „eigene Welt": eigene Interessen, eigene Kontakte, eigene Meinungen und eigene Ziele. Für viele Frauen gehört meist – wenn auch nicht in jeder Phase der Ehe, aber doch aufs Ganze gesehen – auch dazu: ein eigener Beruf und eigenes Geld. Denn Eigen-Ständigkeit heißt ja: auf seinen eigenen Füßen in der Welt stehen können! „Die Liebe ist ein Kind der Freiheit": Wenn ich auf Gedeih und Verderb den anderen „brauche" – wie bin ich dann frei und kann ihn auf Dauer lieben? Eigenständigkeit erhält – bei aller nötigen Vertrautheit – einen Schuß Fremdheit. Der andere bleibt ein Stück Geheimnis, dem ich mit Achtung, ja einer gewissen Ehrfurcht begegnen kann. Durch diesen Abstand zwischen dir und mir – wenn er nicht zu groß wird – bleibt auch die Neugier aufeinander erhalten, und damit auch die Attraktivität. Dies ist unter anderem für eine lebendige Sexualität in Dauerbeziehungen von großer Bedeutung.

Ausgleich zwischen Geben und Nehmen

Man kann oft beobachten, daß hier eine Schieflage entsteht. Die Frau gibt und gibt, der Mann nimmt und nimmt ... Auf die Dauer fühlt sie sich ausgebeutet, und er bekommt ein immer schlechteres Gewissen. Oder sie kann nicht nehmen, und er strampelt sich ab, kommt aber nie richtig bei ihr an, kann ihr's nie recht machen ... Wenn das Wechselspiel von Geben und Nehmen zwischen Erwachsenen nicht funktioniert, trocknet die Beziehung aus. Denn dann wird einer quasi zum Kind (der, der nur nimmt) und einer wird quasi zu Vater oder Mutter (der, der nur gibt). Das konnte zwar früher lange haltbar sein, aber ich beobachte bei heutigen Paaren immer häufiger, daß einer von beiden dann irgendwann ausbricht: zum Beispiel in eine andere Beziehung, in der er endlich mal nur kriegt oder mal nach Herzenslust geben kann. Nur ein ausgewogenes Verhältnis von Geben und Nehmen schafft jene emotionale Dichte zwischen Partnern, die auch größere Krisen überstehen läßt. Feilich kann man von außen keine Regeln aufstellen, was nun beide jeweils als Geben und Nehmen auffassen. Es bedarf hier immer wieder des gemeinsamen Austausches zwischen beiden, um das voneinander zu erfahren und sich aufeinander abzustimmen.

Sich in den anderen hineinversetzen

Es handelt sich hier um die Fähigkeit, sich „in die Schuhe des anderen zu stellen" und aus seiner Perspektive die Welt zu betrachten. Gerade, wenn Frau und Mann in bestimmten Familienphasen in sehr unterschiedlichen Situationen leben, ist dies sehr nötig. Die Frau braucht es, daß er sich ein wenig in ihre Lage mit Haushalt und kleinen Kindern hineinversetzen kann, und der Mann braucht es, daß sie eine gewisse Vorstellung davon entwickelt, was er an seinem Arbeitsplatz erlebt. „Sich in den anderen hineinversetzen können" ist eine typisch „erwachsene" Fähigkeit. Von kleinen Kindern wird sie niemand erwarten oder verlangen. Aber ein Erwachsener sollte es schaffen können, in bestimmten Situationen einmal so weit von sich auch abzusehen, daß er innerlich ganz auf die Seite des anderen gehen kann. Nicht selten täuscht man sich hier: Ich meine, ich könnte mich in den anderen einfühlen, weil ich stillschweigend davon ausgehe, daß er die Welt genau so sieht wie ich. Dabei bemerke ich nicht, daß seine Sicht- und Erlebensweisen ganz anders als die meinen sind. Aus diesem Grund dürfte es sich lohnen, immer wieder mit Interesse und Neugier den anderen zu fragen: „Sag, was meinst du eigentlich dazu?" – „Wie siehst du eigentlich das und jenes?" – „Wie hast du gestern abend die Situation XY erlebt?" Wenn ich bereit bin, die Antworten auf solche Fragen wirklich zu hören, entdecke ich oft mit Überraschung, *wie* anders die Welt für den anderen aussieht. Erst dann beginne ich, meinen Partner als eigenständige, von mir getrennte Persönlichkeit wahrzunehmen und mich für ihn als Gegenüber zu öffnen. Partner, die das erleben, fühlen sich vom anderen zutiefst in ihrem Eigenen gesehen und verstanden.

Gut miteinander verhandeln

Je weniger allgemein anerkannte Normen und soziale Regeln von außen festgelegt sind, je mehr ein Paar, wie das heute der Fall ist, nach „seiner eigenen Facon selig werden" muß, desto wichtiger wird diese Fähigkeit. Denn grundsätzlich sind heutzutage fast alle wichtigen und weniger wichtigen Lebensfragen offen und selbst zu entscheiden: ob man Kinder haben will, wie viele es sein sollen, wie man es mit der Religion hält, wie mit dem Kontakt zu Verwandten, mit der Sexualität, mit der Treue, mit der Berufstätigkeit der Frau – bis hin zu Fragen der alltäglichen Lebensgestaltung wie Freizeit, Urlaub, Haushalts- und Erziehungsaufgaben und so weiter. In all diesen Bereichen war früher bedeutend mehr „genormt". Darum stoßen heute die individuellen Interessen der Partner unvergleichlich stärker aufeinander. Es gilt immer wieder Kompromisse (ein bißchen meins – ein bißchens deins) zu schließen oder neue Lösungen (weder deins noch meins, sondern etwas Drittes) zu finden. Dazu muß man verhandeln können, und das heißt: die eigenen Interessen vertreten, aber – siehe oben – sich auch in die Bedürfnisse des anderen hineinversetzen und flexibel darauf eingehen können. Also: Festigkeit ohne Sturheit einerseits und Flexibilität ohne Standpunktlosigkeit andererseits. Verhandeln können – das klingt fast wie ein Gegenprogramm zur „romantischen Liebe", ist es aber keineswegs: denn die Romantik wird durch Streß zerstört. Gemeinsame Streßbewältigung braucht aber vor allem die Fähigkeit, miteinander zu verhandeln. Dann bleibt auch Raum dafür, daß die romantischen Gefühle (wieder) aufleben können.

Gut miteinander kooperieren

Kooperation ist eine weitere bedeutende Fähigkeit, Streß-Situationen miteinander bewältigen zu können. Selbstverständlich gibt es kein Ehe- und Familienleben ohne Streß. Das ist auch keineswegs schlimm. Allerdings: Wenn Streßsituationen immer wieder schlecht oder gar nicht bewältigt werden, dann unterhöhlt dies auf Dauer die Beziehung und macht sie brüchig. Denn wenn man sich im Druck der Situation noch zusätzlich in die Haare gerät, weil man sich nicht über das richtige Vorgehen einigen kann, wird aus jeder Kleinigkeit eine Riesen-Angelegenheit. Immer wieder gibt es Phasen, in denen Aufgaben sich häufen und verteilt werden müssen, eine Krankheit oder ein Unfall, die eine vollständige Umstellung des gewohnten Ablaufs erfordern, Umzüge, Berufswechsel anstehen und so weiter. Wenn Partner da „ein gutes Gespann" sind, schafft ihnen das unschätzbare Vorteile. Gemeinsam durch clevere Kooperation schwierige Situationen gemeistert zu haben, erfüllt die Partner mit dem Gefühl: „Miteinander sind wir unschlagbar!" Beide fühlen sich toll als Paar und sind stolz aufeinander. Es gibt wenig, was eine Beziehung so bereichern und die Partner einander (wieder) so attraktiv machen kann, wie dieses Gefühl.

Freilich reicht es nicht allein, ein gutes Arbeitsteam zu sein. Wenn sich der Kontakt des Paares darauf zu *beschränken* beginnt, besteht die Gefahr, emotional auszutrocknen. Aber andererseits gilt genauso: Die Unfähigkeit, ein gut kooperierendes Arbeitsteam zu sein, zerstört auf Dauer auch die innigsten Gefühle füreinander.

Gemeinsame Anliegen und Ziele

Kinder gut groß zu kriegen, ist für viele Eheleute das wichtigste gemeinsame Ziel, und das ist auch gut so. Gemeinsame Kinder sollen nicht *allein* eine Ehe zusammenhalten, aber daß sie ein stark verbindendes Element sind, das über manche Krise hinweghilft, das wird wohl niemand bezweifeln. Allerdings: die Kinderphase ist – verglichen mit der Gesamtdauer einer Ehe heute – sehr viel kürzer geworden. Wenn die Kinder groß sind, kann eine Ehe heute gut und gerne noch einmal so viele Jahr vor sich haben – und was jetzt? An dieser Stelle kommen viele Ehen in eine massive Krise. Natürlich verbindet auch die gemeinsame Vergangenheit. Aber reicht das aus? Bei vielen Paaren nicht. Außenbeziehungen, die dann eingegangen werden, oder Depressionen, von denen Partner in diesem Alter befallen werden, machen deutlich, daß es einen Blick in die Zukunft braucht, eine neue Perspektive. Die aber jetzt erst zu entwickeln, kann bereits zu spät sein. Das heißt: Für heutige Paare wird es immer wichtiger, daß sie ein gemeinsames Anliegen auch jenseits der Familie verbindet. Das kann ein Hobby sein (zum Beispiel gemeinsames Reisen) oder ein relgiöses Anliegen (gemeinsames Meditieren) oder ein gemeinsames (kommunal)politisches, kirchliches oder soziales Engagement. Die Gefahr ist, das Gemeinsame „zu niedrig" anzusetzen, zum Beispiel in bloßem passiven Konsum (gemeinsam vor dem Fernseher hocken oder an der Riviera vor sich hindämmern). Es ist wichtig, daß man etwas „Wertvolles" wählt, für das man sich gemeinsam einsetzt. Denn allein das Wertvolle erfüllt das Leben. Menschen, die von „Wertvollem" bewegt sind, fühlen sich in der Tiefe verbunden und zugleich voneinander angeregt und inspiriert bis ins hohe Alter hinein.

Ein kleiner Test für die Ehe-Stabilität

Im folgenden sind die in diesem Kapitel angesprochenen acht „Ehe-Stabilisatoren" nochmals aufgeführt. Sie haben für jeden Stabilisator 10 Punkte zu vergeben. 10 Punkte bedeutet: „voll vorhanden", 1 Punkt bedeutet: „Überhaupt nicht vorhanden".

1. Verliebtsein zu Beginn der Partnerschaft ist eine wichtige Ressource, aus der die Partner auch noch in späteren Zeiten Kraft und Energie schöpfen können. Waren wir ein verliebtes Paar?

2. *„Gleich und gleich gesellt sich gern."* Die Wahrscheinlichkeit, daß die Partnerschaft von Dauer sein wird, erhöht sich, wenn die Partner in vielen Lebensbereichen – Alter, Religion, Nationalität, Bildungsstand, Geschmack usw. – ähnlich sind. Wie steht es bei uns mit Ähnlichkeit?

3. Selbstaufgabe, Verschmelzen, Vereinigung ist nur von kurzer Dauer. Länger sind Partner miteinander glücklich, wenn sich jeder von beiden bei aller Ähnlichkeit auch ein Stück Eigenständigkeit bewahrt. Wie steht es mit meiner/seiner/ihrer Eigenständigkeit?

4. Jeder der Partner muß geben, jeder muß nehmen. Wenn sich kein Ausgleich zwischen diesen beiden Polen einstellt, hat das Paar nicht die besten Aussichten, miteinander glücklich zu werden. Keine Partnerschaft hält auf Dauer aus, wenn immer nur einer gibt und nur einer nimmt. Gibt es bei uns ein ausgeglichenes Wechselspiel von Geben und Nehmen?

5. Die Dauerhaftigkeit einer Partnerschaft wird desto wahrscheinlicher, je besser jeder der Partner in der Lage ist, sich in den anderen hineinzuversetzen und dem andern in dessen Welt zu

begegnen. Kann ich mich in sie/ihn, kann er/sie sich in mich hineinversetzen?

6. Die Interessen der Partner sind verschieden. Wenn jeder der beiden nicht nur zuhören, sondern auch seinen eigenen Standpunkt gut vertreten kann, sind die Voraussetzungen für effektives, partnerschaftliches Verhandeln gut. Zufriedenstellende Lösungen und Kompromisse werden dadurch gefunden. Können wir effektiv miteinander verhandeln?

7. Wenn die Aufgaben gut verteilt sind und die Partner befriedigende Wege der Zusammenarbeit finden, wenn sie in vielen Arbeitsbereichen „ein gutes Gespann" sind, sich jeder auf den andern verlassen kann, haben sie gute Voraussetzungen. Können wir gut kooperieren?

8. Ein Leben lebt von seinen Zielen, Partnerschaften schöpfen aus gemeinsamen Zielen und Anliegen – politisch, gesellschaftlich, religiös – Kraft und Stabilität. Haben wir erfüllende gemeinsame Ziele, Projekte, Anliegen?

Hinweise zum Umgang mit diesem Test:

1. Es handelt sich *nicht* um einen wissenschaftlich validierten Test. Er dient lediglich der Anregung zum Gespräch.
2. Jeder der Partner kann den Test unabhängig vom anderen machen. Vergleichen Sie nachher die Einzelwerte und die Gesamtsumme. Diskutieren sie Übereinstimmungen und Diskrepanzen.
3. Wenn Sie bei einzelnen „Ehe-Stabilisatoren" sehr niedrige Werte haben, ist das noch kein Grund zur Panik. Es ist durchaus möglich, daß diese Schwächen durch andere Stärken aufgewogen werden. Sehen Sie nach, ob das an Ihren Einschätzungen deutlich wird.
4. Wenn Sie die große Mehrzahl der angeführten „Ehe-Stabilisatoren" mit weniger als 6 Punkten bewertet haben, sollten Sie sich allerdings in eine ernsthafte Auseinandersetzung mit Ihrem Partner begeben.
5. Es könnte aber auch sein, daß sie in allen acht Punkten ganz niedrig gewertet haben – und trotzdem glücklich sind. Dann genießen Sie es!

🕮 Zum Weiterlesen:

Marion Weber/Richard Lawall: Glücksfall Liebe. Was Paare zusammenhält. Herder, Freiburg 1998.

Eros, Sex und Religion

Aus: Das Totenbuch der Tibeter. Hrsg. V. Francisca Fremantle und Chögyam Trungpa, Diederichs Gelbe Reihe, München, 17. Auflage 1995, S. 72

Die hier wiedergegebene Darstellung begegnet uns in vielen Variationen in Malerei und Skultpur des tibetischen, genauer des tantrischen Buddhismus: ein Paar beim Liebesakt, zärtlich und ekstatisch einander umarmend. Es handelt sich dabei um zwei „Erleuchtete" (Boddhisatvas), deren Vollendung als sexuelle Vereinigung dargestellt wird. Für uns ein ungewohnter, vielleicht ein schockierender Anblick: das spirituell-religiöse Gipfelerlebnis schlechthin – dargestellt als sexueller Akt! Wir werden dadurch daran erinnert, daß in der Religionsgeschichte die sexuelle Erfahrung und die religiöse Erfahrung oft viel näher zusammen gesehen werden, als wir es im Christentum gewohnt sind. Ich spreche hier ein schmerzliches Kapitel unserer Tradition an, nämlich die Ablehnung und Abwehr des Sexuellen. Man kann zwar nicht sagen, im Christentum würde die Sexualität grundsätzlich verteufelt. Aber verdächtig war und ist sie schon immer. Sie wird zwar nicht an sich schon als sündig gesehen, aber immer in gefährlicher Nähe zur Sünde. Darum wurde der Akt der sexuellen Liebe zwischen Mann und Frau vom Bereich des Heiligen ferngehalten und von jeher mit Geboten und Verboten umgeben, geregelt, eingegrenzt, überwacht ... Die Zeiten sind noch nicht lange vorbei, da Paare sonntags nicht zur Kommunion zu gehen wagten, wenn sie vorher miteinander geschlafen hatten, und immer noch ist der kirchlichen Führungsschicht, den Priestern, versagt, Sexualität zu leben. Man kann es in der Kirche auch heute nur dann zu etwas bringen, wenn man auf Sexualität verzichtet. Wem es gestattet ist, ins Innerste des Heiligtums zu treten, der darf sich nicht mit Sexualität „beflecken". Ist das nicht, trotz aller gegenteiligen Beteuerungen, nach wie vor ein vernichtendes Urteil über deren Wert?

Antisexuelle Ressentiments im Christentum

Woher kommt dieses tiefsitzende, antisexuelle Ressentiment? Das ist eine lange und wahrhaft traurige Geschichte. Es würde viel zu weit führen, sie hier auch nur anzudeuten. Entscheidend für die Nähe, in der das Sexuelle zum Bösen gesehen wurde, war und ist in der Kirche die Erbsündenlehre des heiligen Augustinus, die sich in der ganzen Christenheit durchgesetzt hat. Augustinus fragte sich, über welchen Weg denn die Sünde Adams von Generation zu Generation weitergegeben würde, und er kam auf die Idee: durch den sexuellen

Akt! Somit stand dieser von vornherein unter bösen Vorzeichen. Was durch ihn angerichtet wurde, mußte durch die Sakramente wieder gutgemacht werden, und er mußte deshalb durch Regeln und Gebote möglichst eingedämmt und in Grenzen gehalten werden.

Welch ein Gegensatz zu unserer tantrischen Darstellung! Hier ist die sexuelle Hingabe identisch mit religiöser Hingabe, also höchster Ausdruck dessen, was sich zwischen Gott und den Menschen vollziehen kann und vollziehen soll. Zweifellos haben sich moderne christliche Theologen um ein positiveres Verständnis der Sexualität bemüht, und zweifellos haben sich viele heutige Christen von einer überholten Sexualmoral befreit. Im besten Fall haben sie dadurch ein „natürliches Verhältnis" zur Sexualität gewonnen. Bekommt die Sexualität aber dadurch auch einen religiösen Wert? Wohl kaum. Wir bekommen in der Regel das „Heilige" und das „Sexuelle" in unserem Bewußtsein nicht zusammen. Auch progessive Christen empfinden beides entweder noch immer als Gegensatz oder als zwei Dinge, die nichts miteinander zu tun haben.

Das ist aber ein Nachteil. Etwas, das unser Leben so zentral betrifft wie die Sexualität, steht in keiner Verbindung zu unserem Glauben (außer daß sie durch diesen moralisch reguliert wird). Sollte aber ein lebendiger Glaube nicht das *ganze* Leben durchdringen? Ich halte es mit der tantrischen Darstellung und behaupte: Die sexuelle Vereinigung zwischen Mann und Frau ist ein religiöses Symbol und kann zu einer tiefen religiösen Erfahrung führen, wenn beide sie mit dem entsprechenden Bewußtsein vollziehen.

In lange vergangenen Zeiten war auch in der offiziellen Kirche durchaus ein solches Bewußtsein noch vorhanden. In der Zeit vor dem Trienter Konzil galt eine Ehe erst dann als zustande gekommen, wenn die Ehepartner miteinander geschlafen hatten. Die Ehe war dann erst wirklich geschlossen. Man war also der Meinung, daß sich die Eheleute im sexuellen Akt das Sakrament der Ehe gegenseitig spendeten! Diese Auffassung wurde aber im Konzil von Trient typischerweise „vergeistigt", indem festgelegt wurde, daß die Eheschließung bereits durch das Ja-Wort der Brautleute zustande käme.

Die frühere Auffassung hatte aber ihren tiefen Sinn, und diesen möchte ich jetzt deutlich machen. Ich spreche hier natürlich vom sexuellen Akt, der von der Liebe getragen und mit Liebe vollzogen wird, und nicht nur vom Abreagieren biologischer Trieb-Bedürfnisse. Außerdem bin ich mir bewußt, daß der sexuelle Austausch, auch wenn er in Liebe geschieht, von recht unterschiedlicher Qualität sein kann, so daß das im folgenden Gesagte darin manchmal nur sehr ansatzweise verwirklicht sein dürfte. Mir kommt es darauf an, eine neue Blickrichtung zu eröffnen, nicht aber die Sexualität mit all ihren menschlichen Unzulänglichkeiten zu mystifizieren. Im Bewußtsein dieser Einschränkung möchte ich sagen, daß die tantrische Darstellung nicht eine ausgefallene Idee einer speziellen buddhistischen Richtung ist. In ihr kommt vielmehr etwas Allgemein-Menschliches über religiöse Erfahrung zum Ausdruck.

Die Erfahrung der Trennung und die Sehnsucht nach Vereinigung

Jede Religion, auch das Christentum, beschäftigt sich mit der grundlegenden menschlichen Erfahrung der Trennung. Wir Menschen erfahren uns von dem, zu dem wir eigentlich gehören, getrennt. Darum sind wir vom ersten Atemzug an Strebende, darum sehnen wir uns immer nach irgend etwas, darum wollen wir mehr an Glück, mehr an Liebe, mehr an Sinn. Wir sind noch nicht „bei uns" – wir sind noch auf der Suche, und was wir suchen, ist letztlich das Göttliche. „Unruhig ist unser Herz, bis es ruht in Gott" – so sagt eben derselbe Augustinus: Erst in der Vereinigung mit Gott kommt unser Suchen zur Ruhe. In dieser Aussage stimmen alle geistlichen Lehrer der großen Religionen überein. Das zentrale religiöse Thema überhaupt ist also die Erfahrung der Trennung und die Überwindung der Trennung durch die Vereinigung mit dem Göttlichen.

Was aber ereignet sich im sexuellen Akt? In der sexuellen Hingabe erfahren wir körperlich *und* seelisch, also ganzheitlich, wie die engen Grenzen unseres Ichs aufbrechen und die Vereinigung mit einem „Du" jenseits dieser Ich-Grenzen möglich wird. Ist das nicht „eine kosmische Versöhnung im kleinen", wie sich der Philosoph Walter Schubart ausdrückt, also mindestens eine Voraus-Ahnung dessen, worum es jeder Religion geht?

Ich erlebe das immer wieder bei Menschen, die sich verlieben. Sie werden tief, still und fromm, auch wenn ihre Liebe die Grenzen der Konvention und der äußeren Moral sprengt und verletzt. Sie verhalten sich, als hätte sie die göttliche Wirklichkeit unmittelbar in ihrer Seele berührt:

„Doch alles, was uns anrührt, dich und mich,
nimmt uns zusammen wie ein Bogenstrich,
der aus zwei Saiten *eine* Stimme zieht.
Auf welches Instrument sind wir gespannt?
Und welcher Geiger hat uns in der Hand?
O süßes Lied.“ *

So drückt Rilke in seinem „Liebes-Lied“ diese religiöse Dimension der erotischen Erfahrung aus, und wahrscheinlich gibt es nicht wenige unter den Leser-/innen, die eine solche Erfahrung – jedenfalls in ihrer Erinnerung – unmittelbar nachvollziehen können.

Wenn das sexuelle Begehren zum anderen „treibt“, begeben wir uns auf den Weg aus der Selbstgenügsamkeit heraus auf den anderen zu. Wir öffnen uns nicht nur mit Geist und Seele, sondern mit allen unseren Sinnen auf das Du hin. Wir begeben uns so in die Bewegung der Hingabe hinein, und um Hingabe unseres kleinen Ichs an das größere Du geht es ja auch in Glaube und Frömmigkeit. Wenn diese Hingabe im sexuellen Akt dann manchmal gelingt, wenn zwei Liebende, von Leidenschaft erfaßt, ihre Selbstkontrolle durch Wille und Verstand fahren lassen und sich im Rausch der Sinne vereinigen, dann erleben sie zuweilen, daß sie in dieser Ekstase über sich selbst hinausgetragen und Teil eines größeren Ganzen werden. Ganz so werden uns aber von den großen Mystikern der Religionen die Vereinigungserfahrungen mit Gott beschrieben.

Aber selbst dort, wo das sexuelle Erleben nicht diese Intensität erreicht und nicht an diese mystische Dimension heranführt, geht es doch immer um „Vereinigung“, wie ansatzweise immer sie auch gelingen mag. Damit allein schon kann der sexuelle Akt – wie übrigens viele andere Dinge und Vorgänge dieser Welt – für unser religiöses Bewußtsein Symbol und Vor-Erfahrung der göttlichen Vereinigung werden, auf die hin unser Leben letztendlich angelegt ist.

„Du bist angenommen“

Noch eine weitere Dimension der sexuellen Erfahrung verweist uns auf Glaube und Religion: Wenn Frau und Mann sich sexuell vereini-

* R. M. Rilke, Liebes-Lied. In: Sämtliche Werke, Bd. 1, Insel Verlag, Frankfurt, 1955, S. 482

gen, bewegt sie das zuweilen deshalb so tief, weil sie sich darin in ihrem Innersten und Eigensten gemeint und angenommen fühlen, nämlich in ihrem Geschlecht. Der Mann fühlt sich durch die Leidenschaft der Frau zutiefst in seiner Männlichkeit wahrgenommen und bestätigt, und die Frau fühlt sich durch die Leidenschaft des Mannes zutiefst in ihrer Weiblichkeit wahrgenommen und bestätigt. Das ist oft das eigentlich Beglückende in der sexuellen Vereinigung. Erfahren wir darin nicht auch etwas zutiefst Religiöses? Ganz gleich, zu was ich es sonst gebracht habe, welche Titel und Reichtümer ich vorzuweisen habe, in meinem innersten Kern bin ich geliebt und angenommen! In nichts anderem wie diesem besteht die Erfahrung der göttlichen Gnade – und im sexuellen Akt wird diese dem Mann durch die erotische Liebe der Frau, und der Frau durch die erotische Liebe des Mannes ganz sinnenhaft konkret vermittelt.

Sexualität kann also wie alles in der Welt und alles Menschliche transparent werden hin auf die göttliche Wirklichkeit. Wir brauchen sie darum aus unserem Glaubensleben nicht auszugrenzen. Sie könnte sogar zu einem wichtigen Bestandteil davon werden.

🕮 Zum Weiterlesen:
Walter Schubart: Religion und Eros. Verlag C. H. Beck, München 1989.

Wie Paare glücklich bleiben

Margarethe Schindler
Heute schon geküsst?
Paare brauchen Rituale
Band 5126

Rituale dienen der bewussten Beziehungspflege. Alle wichtigen Lebensbereiche, alle partnerschaftlichen Problemzonen lassen sich mit ihnen positiv beeinflussen.

Otto Brink
Spielregeln der Partnerschaft
Vorwort von Bert Hellinger
Band 5109

Für eine gelingende Partnerschaft sind bestimmte Grundhaltungen wichtig. Erkenntnisse, damit es gar nicht erst zu Krisen kommt.

Lukas Richterich
Glücklich – auch nach sieben Jahren
Das Geheimnis einer guten Partnerschaft
Band 5066

Wirksame und praktische Regeln für Paare, die es auch nach vielen Jahren noch ernst miteinander meinen.

Auf das Leben und die Liebe
Eine kleine Poesie des Glücks zu zweit
Band 7012

Mal trocken und mal üppig. Immer witzig. Furchtbar treffend. Verse von Robert Gernhardt, Gioconda Belli, Erich Fried, Wolf Biermann u. a.

Franziska Pfeiffer
Zwei Karrieren – eine Liebe
Wenn Paare, die sich lieben, getrennt leben
Band 5180

Zwischen Single-Leben und Partnerschaft: Erfahrungen und Tipps zu einer aktuellen Lebensform.

HERDER spektrum

Gabriele Kreppold-Gröger/Josef Kreppold
Der Weg zu zweit
Liebe ohne Selbstaufgabe
Band 4969
Auf Dauer kommt es darauf an, die Beziehung gut zu pflegen. Die Autoren zeigen, wo Fallen liegen, wie man sie erkennt, umgeht oder produktiv nutzt.

Erich H. Witte/Helga Wallschlag
Die fünf Säulen der Liebe
Wie Paare glücklich bleiben
Band 5517
Die Autoren haben langjährige Paare befragt und zeigen, was man tun kann, um das Glück stabil zu halten.

Nicole Fabisch/Gerhard Zarbock
Treue ohne Reue
Die neue Lust am Leben zu zweit
Band 5512
Ein Buch für Paare und alle, die auf der Suche nach ihrem Traumpartner sind.

Joachim Engl/Franz Thurmaier
Wie redest du mit mir?
Fehler und Möglichkeiten in der Paarkommunikation
Band 4887
Wie man – statt in Vorwürfen steckenzubleiben – richtig spricht und zuhört, Gefühle und Wünsche ausdrückt, Probleme in konstruktiver Weise löst.

Wolf Jordan
Aus Eifersucht kann Liebe werden
Wie Partner zu neuem Vertrauen finden
Vorwort von Hans Jellouschek
Band 4776
Warum ist jemand eifersüchtig? Und wie kann sich ein Paar aus dieser Verstrickung befreien? Wolf Jordan zeigt Wege, die zu neuem partnerschaftlichen Vertrauen führen.